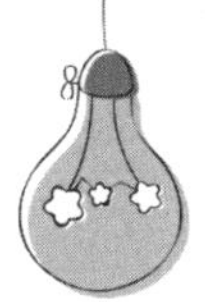

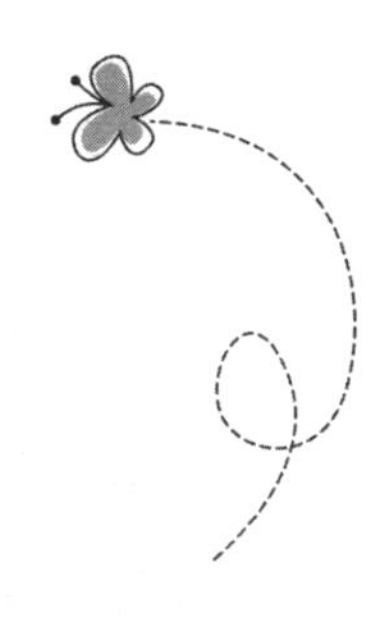

膝盖上的学校

엄마 무릎학교

〔韩〕河贞娟 · 著
尚馨 · 译

中国妇女出版社

图书在版编目（CIP）数据

妈妈膝盖上的学校/（韩）河贞娟著；尚馨译. —北京：中国妇女出版社，2016.1

ISBN 978-7-5127-1041-2

Ⅰ.①妈… Ⅱ.①河… ②尚… Ⅲ.①婴幼儿—家庭教育 Ⅳ.①G78

中国版本图书馆CIP数据核字（2014）第301965号

妈妈膝盖上的学校

作　　者：〔韩〕河贞娟　著
译　　者：尚　馨　译
责任编辑：陈　元
封面设计：尚世视觉
责任印制：王卫东
出版发行：中国妇女出版社
地　　址：北京东城区史家胡同甲24号　　邮政编码：100010
电　　话：（010）65133160（发行部）　　65133161（邮购）
网　　址：www.womenbooks.com.cn
经　　销：各地新华书店
印　　刷：北京通州皇家印刷厂
开　　本：165×235　1/16
印　　张：14
字　　数：124千字
版　　次：2016年1月第1版
印　　次：2016年1月第1次
书　　号：ISBN 978-7-5127-1041-2
定　　价：32.00元

译者序

作为一个3岁孩子的母亲，我也曾经纠结于怎样的育儿方式才最适合我的孩子，能令我的孩子健康成长。无奈市面上各种中外育儿书籍不下百种，看到眼花缭乱也没能摸出什么头绪。就在这个时候，出版社给我拿来了这本书，通读一遍过后，我就萌生了尽快把它翻译出来介绍给与我一样对如何育儿感到茫然的中国妈妈的想法。

作者河贞娟是一个有着丰富幼儿教育经验的专家，又是一个拥有两个儿子的妈妈，她将"生态育儿"理念与现实教育问题相结合，创作了《妈妈膝盖上的学校》这本书，为那些被育儿问题所困扰的妈妈提供了有效而实用的育儿方法。作为韩国“生态育儿”理念的诞生地，作者所在的釜山大学附属幼儿园被韩国很多媒体争相报道，入学咨询者络绎不绝。

本书一共分为四章，第一章着重强调了妈妈在孩子成长过程中的重要性。作者告诉我们妈妈要如何向孩子表达自己的爱，如何在孩子感到彷徨无助时给予他们自信和力量，如何避免在无意中给孩子造成心灵上的伤害。

第二章重点讲述了玩耍对于孩子成长的重要性，不能过早地让孩子困在各种书本之中，与童话剧、博物馆等室内活动相比，公园、野外等各种室外活动是孩子更加期待的。0~6 岁是孩子成长的关键期，父母要多与孩子进行各种有趣的游戏，以便促进孩子的成长与发展。

第三章告诉我们如何让孩子吃得健康。安全、好吃的时令食品是理想的选择，而且肉类和蔬菜要合理搭配食用。让孩子养成良好的饮食习惯十分重要，因为“吃饭即是在育人”。

第四章告诉我们成为父母的意义。在育儿过程中，妈妈有哪些优点，应注意哪些问题；爸爸的角色是什么；父母对孩子的影响有哪些；隔代养育也有值得肯定的地方等，这些问题都需要年轻的父母进行深入的思考。

希望我对本书的简单介绍能让各位在阅读时变得更加轻松和愉悦。

最后，我希望这本书能给各位年轻的父母在育儿方面带来一些实实在在的帮助。在本书的翻译过程中，我得到了尚玉河、赵杏芬、孙鹤云、王保蕴、焦纪华、靳琳、和芬、赵平芬、王书勇、宋梦君等人的帮助，但碍于时间和水平有限，仍有错误和遗憾存于本书之中，希望广大读者不吝指正。

尚　馨

2014 年 10 月

前言

每当我看到小孩子的双眼，脑海里总会浮现出多年前一个电视广告中的小朋友形象。那个小朋友眨着明亮的大眼睛，高喊：“我一定会成功的！”这一场景让我这个看广告的人都感到激动。投身幼儿教育的18年里，从每个接触到的孩子眼中我都能看到当年广告中小朋友那豪气冲天的样子。不管是活泼的还是安静的，也不管是大大咧咧的还是小心谨慎的，每个孩子心中都有一粒种子，也就是说每个孩子都有自己的成长生命力。仅这一点就可以说明孩子是一个闪闪发光的存在。因此，作为父母的我们，要尽自己的最大努力让孩子心中的光芒变得更亮、更美丽。

但是现在，我们的孩子正在将心中的这片光芒遗忘。围绕在孩子身边的人为了把孩子养育成人倾注了全部，可是周围患了生理或者心理疾病的孩子却在慢慢增多。那么，我们是不是需要回过头来检讨一下我们的育儿方式呢？

我认为没有里程碑式的、创新性的育儿方法，但是最基本的育儿方法是确实存在的，这个基本方法就是“妈妈膝盖上的学校”。17 世纪的捷克著名教育家夸美纽斯在《大教学论》一书中讲到，对于 0～6 岁的孩子来说，妈妈的爱和热情是最重要的，是无可替代的。他们坐在妈妈的膝盖上感知自然，认识人和事物，学习世上的一切。虽然这是一位 17 世纪的人所说的，但是现在看来这种教育观也毫不过时，而且更需要加强认识。

在我心中，“妈妈膝盖上的学校”是一所可以将妈妈的胸怀、家族的胸怀、自然的胸怀全部教授给孩子的学校。同时，这所学校还充满了奶奶和妈妈在日常生活中对孩子无微不至的关爱。这所学校里还应该有这样一个信念，那就是在养育孩子的过程中一定要和家人及周围的人相互协作。最后，这所学校还要把孩子放归大自然，吃一些更接近大自然的食物，把他们培养成亲近大自然的孩子。

尽管知道这种育儿方法很好，可还是难免会有一些担心：“这样教育的话孩子上学之后能跟上吗？”在我工作的这个早教机构也常常看到这样的家长——因为可以玩好、吃好选择了这里，但是到了孩子从幼儿园毕业的时候却又一副忧心忡忡的样子，他们会问："语文、数学、英语，一点儿都没学过，到了小学会不会跟不上？"我很想告诉他们的是，这种担心完全是多余的。实际上，我们对本早教机构毕业的小学二年级和四年级学生做过跟踪调查，根据调查结果来看，我们的孩子在体能、创造力和社会认知方面均好于其他幼儿教育机构出来的孩子。我认为出现这种结果的原因如下：在亲近大自然的过程中可以使孩子的好奇心得到满足，在寻找未知的过程中领会学习方法。

上小学之前，"妈妈膝盖上的学校"是一定要经历的，原因有二：学前这段时间是整个人生的基础形成期，也是一生中最幸福、最无忧无虑自由玩耍的时期；第二，这段时期也是最应该感受妈妈和家庭爱的时期。

在培养自己的孩子以及在幼教机构时同其他小朋友的接触过程中，伴随着孩子们的成长，我好像也得到了又一次的成长。看到孩子们能够健康顺利成长，没有长歪，我也能从中感到喜悦。看到我们早教机构的毕业生走在实现梦想的路上，我也会感到内心很充实。就这样，不知不觉间 26 年过去了。

我希望可以把这 26 年间积累的经验和犯过的错误，以故事的方式全部传达给正在育儿之路上纠结、苦闷的年轻妈妈。一种让孩子感到舒适、令父母也感到幸福的育儿方法就在身边，但是还有很多父母一直在走弯路，这种情况常常令我感到难过、郁闷。我们不能忘记这样一个事实，那就是在妈妈、家庭和自然的怀抱中长大的孩子比任何人都要幸福。希望通过这本书，能够让大家用眼和心来感受和明确这个事实。

河贞娟

目录

第一章

妈妈的爱是孩子成长的力量 …… 1

第一节 0~3 岁决定孩子的一生 …… 5

一、孩子快乐生活的主要力量来自妈妈 …… 7

二、夸美纽斯：妈妈膝盖上的学校 …… 9

三、妈妈的怀抱和“爱心饭” …… 10

第二节 孩子丢失的天性 …… 13

一、发育迟缓的孩子 vs 缺少爱的孩子 …… 14

二、奶瓶 vs 毛毯 …… 16

三、育儿文化的变迁 …… 17

四、像怀孕时一样和孩子即时互动 …… 19

五、母爱就像一首歌 …… 20

第三节 妈妈和孩子玩的爱的游戏 …… 23

一、不同发育期要玩不同的肢体游戏 …… 25

二、“檀童十训”是产生“感动激素”的源泉 …… 28
第四节 当孩子感到无助彷徨时 …… 30
一、妈妈要多鼓励孩子 …… 30
二、倾听孩子的心声 …… 33
三、认同孩子的感受 …… 34
第五节 如何将缺点转化为优点 …… 38
一、感到孤独或者辛苦的时候就画画 …… 39
二、想学什么由孩子自己决定 …… 41
三、用身体、图画、故事来写“论文”的“博士们” …… 43
第六节 亲子间建立信任的桥梁 …… 45
一、表扬也要讲究方法 …… 46
二、孩子都有值得表扬的宝贵之处 …… 49
第七节 撒娇，孩子发出的红色信号 …… 51
一、与妈妈分离，孩子如何克服分离焦虑 …… 52
二、先于独立性和自我控制力出现的撒娇行为 …… 53
三、不能接受的撒娇行为 …… 55
第八节 无心给孩子造成的心灵伤害 …… 57
一、别的孩子不都是那样吗 …… 58
二、孩子就是孩子 …… 60
第九节 孩子初次离开妈妈怀抱的时机 …… 64
一、如何让孩子有一个幸福的幼儿期 …… 66
二、应该把孩子送到什么样的早教机构和幼儿园 …… 67

三、妈妈的权利和义务 …………………………… 70
四、早教机构、幼儿园能给予妈妈什么 ……………… 71

第二章
喜欢玩才是孩子的天性 ………………………… 75

第一节　游戏是任何事情都无法取代的………………… 79
一、过度成长会使孩子变得早熟……………………… 80
二、幼儿期是最应该尽情玩耍的时期 ……………… 83

第二节　孩子成长也有顺序 ………………………… 85
一、0~6 岁，孩子应该学点儿什么 ………………… 88
二、幼儿期的感官体验和游戏有利于孩子的成长和发展 ……………………………………… 91

第三节　超级简单的育儿，截然相反的两种结果 ………… 93
一、电子产品对孩子的负面影响……………………… 94
二、孩子的感知力在大自然和妈妈的怀抱中放射光芒 ……………………………………… 97

第四节　真正沉浸于游戏中的孩子…………………… 99
一、注意力分散的孩子变得精力集中 ……………… 100
二、游戏让孩子充满活力和能量 …………………… 102

第五节　没有玩具的日子 …………………………… 105
一、改变从孩子开始 ……………………………… 107
二、产生厌倦的一方永远是大人 …………………… 110

第六节 玩得痛快的孩子往往更有创造力 …………………… 112
一、玩起来才能产生专注力 ………………………… 113
二、一看就知道图画出自谁手 ……………………… 115
三、感觉是在玩耍过程中形成的经验总结 ………… 117
第七节 孩子在树林里不会问时间 ……………………… 119
一、树林里学到的从容和关怀 ……………………… 121
二、和孩子一起玩的树林游戏 ……………………… 122
第八节 思维在发呆时成长 ……………………………… 125
一、感受宁静 ………………………………………… 126
二、让孩子的思维变得活跃的途径 ………………… 128
第九节 做家务是孩子的特殊乐趣 ……………………… 131
一、做家务对孩子来说是有兴趣的事 ……………… 132
二、让孩子通过生活和游戏来了解父母 …………… 133
三、和孩子一起做家务关系会变得更亲密 ………… 135
第十节 成长伴随着觉醒的手指尖 ……………………… 137
一、孩子什么都想尝试 ……………………………… 138
二、孩子有时会喜欢做木工活 ……………………… 140
三、单调重复的游戏对孩子来说毫无意义 ………… 142
四、拯救孩子身体健康的土壤 ……………………… 143

第三章

让孩子吃得健康 …… 149

第一节 请给孩子食用健康的绿色食品 …… 151

一、孩子的食品安全更需要妈妈的努力 …… 152

二、吃饭即是在育人 …… 154

三、安全好吃的时令食品种类远远超过我们的想象 …… 154

四、低农药农产品，无农药农产品，有机转换农产品，有机农产品 …… 155

第二节 对故乡的味道念念不忘的孩子 …… 157

一、肉类和蔬菜要合理搭配食用 …… 159

二、传统食物和精神食粮 …… 160

第四章

成为父母的意义 …… 163

第一节 不要让自己成为“邻居妈妈” …… 167

一、育儿不是在做练习 …… 168

二、孩子会找到适合自己的路 …… 169

第二节 妈妈的优点是什么 …… 172

一、偶尔奖赏一下自己 …… 173

二、妈妈要对自己宽容 …… 176

第三节 爸爸的位置在哪里 …… 180
一、为孩子找到玩伴、空间同样是爸爸的职责 …… 181
二、爸爸既要和蔼可亲，又要不失威严 …… 183
第四节 孩子的成长映射父母的生活 …… 185
一、孩子的游戏承载着父母的人生 …… 186
二、父母要随时保持一颗慎独的心 …… 187
三、夫妻关系对孩子的教育有重要的影响 …… 188
四、坐在一起吃饭是交流想法的好时机 …… 192
第五节 让节俭成为孩子的习惯 …… 196
一、正确看待对名牌的爱 …… 197
二、孩子的需求 vs 妈妈的兴趣 …… 199
第六节 爷爷奶奶的怀抱不可缺少 …… 201
一、祖辈的爱是父母无法给予的 …… 202
二、祖父母的养育智慧值得肯定 …… 203
后记 …… 205

/ 1 /

第一章

妈妈的爱是孩子成长的力量

> 妈妈膝盖上的学校 >>

对于孩子来说，妈妈的怀抱、家庭的怀抱以及大自然的怀抱是不可或缺的，其中当属妈妈的怀抱最为重要。因为妈妈的怀抱能够让孩子内心平静，充满自信，并且能够给予他们生存的勇气，这些是任何人都无法取代的。因此，我们应该让孩子重回妈妈的怀抱，让他们在妈妈的怀抱中感受到妈妈无微不至的爱。

每年春季开学时，新入园的小朋友都是一副懵懵懂懂，马上就要哭出来的表情。他们就带着这样的表情来经历人生第一次的入园适应课程。这个课程的目的是帮助从未离开过妈妈怀抱的孩子来适应儿童之家（韩国的一种幼教机构，负责人也被称为“园长”）这个陌生的环境以及初次相见的老师和同学。可是，不知从什么时候起，适应过程中变得吃力和不安的孩子多了起来。这样一来，不仅他们的适应时间变长，帮助他们适应新环境的老师也变得吃力了。从儿童之家创建初期就在这里工作的老师表露出了他们的担心，先不管工作是否变得吃力，关键问题在于出现过激以及异常行为的孩子逐渐增多。孩子为什么会让这一切变得越来越吃力呢？我想小心翼翼地从最近的教育方式中找找原因。

在韩国，孩子出生后只有很短的时间可以在妈妈怀里同妈妈亲密接触，接着就会被送到新生儿室。出院回到家后也是一样，孩子闹了就抱一下，然后就把他放回自己的小床，而且更喜欢把孩子放在学步车或者婴儿推车里。这种育儿文化就是想把孩子从妈妈的怀抱中分离出来。

对于孩子来说，妈妈的怀抱、家庭的怀抱以及大自然的怀抱是不可或缺的，其中当属妈妈的怀抱最为重要。因为妈妈的怀抱能够让孩子内心平静，充满自信，并且能够给予他们生存的勇气，这些是任何人都无法取代的。如果各位仍然能够记起妈妈的味道和声音，一定会默默点头，同意我的观点。

我们应该让孩子重回妈妈的怀抱。让孩子在妈妈的怀抱中感受妈妈的味道，聆听妈妈的声音，和孩子互相对视，玩一些肢体游戏，还要尽量多地挖掘孩子的优点，不要吝啬自己的表扬。孩子偶尔撒娇时一定要抱抱他，对他说的每一句话都要饱含妈妈的爱。

0~3 岁决定孩子的一生

要知道从孩子出生到 3 岁这段时期对其进行全面的养育相当于购买了一份育儿险。

这段时期没有什么能够比全身心投入到孩子身上更重要。

孩子刚上儿童之家的时候，妈妈的心总是七上八下不放心。有没有哭着找妈妈？能不能得到老师表扬？和别的小朋友能不能玩到一起，会不会打架？各种担心如潮水般不断涌来，坐立不安，一直持续到孩子回家为止。在这段时间内妈妈有时也会这样安慰自己：不管怎么说孩子在儿童之家还是能学到很多东西的，也能增强社交能力，这么看也是一件好事吧。但是，真的这样想就行了吗？

我在儿童之家和孩子一起度过了相当长的时间，从最初的恐慌不安、放声大哭到大大方方离开儿童之家，我观察到许多孩子这样度过他们的幼儿期。根据我观察所得的经验，我认为在孩子3岁之前，与儿童之家相比，孩子在家度过更好。虽然这已经在很多教育工作者以及妈妈之间达成共识，但是从一个儿童之家的园长嘴里说出这些话还是会让人感到诧异。不过，我对于这一点是坚信不疑的。

我认为孩子在成长过程中应具备两种能力，一是独自生活的能力，二是集体生活的能力。对于3岁以下的孩子来说，集体生活能力是不足的。何止不足，这个年龄段的孩子大都以自我为中心，根本不知道什么是集体生活，甚至于我们根本不应该对他们有这样的期待。为什么这样说呢？看一下三四岁孩子玩捉迷藏的游戏就知道了。这个年龄的孩子藏起来的时候常常用手捂住自己的脸，因为他们认为我看不见你，你也就看不见我。这就是0~3岁时孩子以自我为中心的一个例子，这也是为什么在这个年龄段的孩子身上很难看到等待、分享以及对朋友的关心和谦让。

上述特征通过孩子不同阶段的游戏方式也可以看出一些。1~2岁是“独自游戏”时期。这个年龄段孩子玩的时候完全沉浸在自己的游戏中，丝毫不关心身边有没有其他小朋友。如果三个孩子并排坐在沙发上，一定是一个玩机器人，一个玩电话，一个玩毛绒玩具。虽然偶尔也会抬眼看看其他人玩什么或者互相聊几句，但是马上又开始玩自己的了，根本就没想着要跟别人一起玩儿。这也就解释了为什么我们看不到这个年龄段的孩子一起玩用砖盖房子的游戏。

一、 孩子快乐生活的主要力量来自妈妈

对于现在喜欢电脑游戏胜过朋友的独生子女来说，能够和同龄人融洽相处非常重要。于是妈妈才把孩子送到儿童之家，希望他们能够学会如何同朋友融洽相处。同时，这也应该是交到好朋友的一个时机。这个年龄段的孩子如果会自己穿鞋、自己走路、自己用勺子吃饭、自己躺下睡觉、自己去洗手间小便就已经足够了，我们需要把时间花在培养孩子的基础能力即独自生活能力上。再者，这个年龄段的孩子忠于本能，对于爱更是如此。如果到了1~2岁的婴幼班，会常常看到孩子做出手抓、脚踢、嘴咬、扔东西等具有攻击性的动作，这往往是他们要求得到关心和爱的一种恳切的表现。在家的时候全家都围着他转，可是在儿童之家等育儿场所，一个老师要照顾若干个孩子，这种情况下，为了得到老师的关心和爱护，有时可能还需要同其他小朋友进行竞争。

如果家里有兄弟姐妹，有过上面经历的话，你会很清楚竞争和争吵对孩子是一件陌生和可怕的事情。也因此，为了增强孩子的社交能力，为了让孩子交到朋友而把孩子送到儿童之家反而有可能会使孩子受到伤害。

1~2 岁的孩子适应儿童之家的过程中会哭闹、耍赖，我们看着哭闹累了睡着的孩子心里会感到难受，心情沉重，经常会产生这样的想法："如果再在家里待一段时间就好了……"经过这一段艰苦的适应时期，大部分的孩子都会瘦一圈儿，相信同时对他们的心灵也有不小的冲击吧？但是，在家待到 3 岁才上儿童之家的孩子在适应过程中却很少哭。这是为什么呢？因为他们到了同妈妈分开可以和朋友一起玩儿的年龄。

当然，这样说也并不意味着所有在 3 岁前入托的孩子都会感到不安，受到打击。孩子之间多少都会有些差异，但是他们都具备一种适应陌生环境的能力。特别是有一种孩子，他们天生就容易接受和适应新环境，这种孩子会很轻松地度过儿童之家的适应期。不过，在孩子未满 3 周岁就寄希望于他们自身的适应能力而做出送他们到儿童之家的决定是令人忧虑的一件事情。毕竟未满 3 岁的孩子与妈妈一起度过的日子还不够多，并且与妈妈的亲密关系也处于形成阶段，所以我们在决定是否送他们去儿童之家时更需要慎重。

二、 夸美纽斯：妈妈膝盖上的学校

被称为“近代教育之父”的夸美纽斯说过，妈妈的膝盖就是孩子最好的学校，特别是 0～6 岁，这段时间里，孩子需要在妈妈的怀抱中感受爱，需要坐在妈妈的膝盖上听妈妈讲故事，看周围的世界。夸美纽斯把这些叫作“妈妈学校”或“膝盖学校”，强调孩子跟妈妈的温暖接触比任何事都重要。同时，心理学家埃里克森也说过：“1～2 岁的孩子在同妈妈的关系中学到对他人的信赖。”在和妈妈稳定的亲密关系中，孩子认识到妈妈是值得相信的，同时对他人也产生了信赖感。

看到上面的内容，相信有很多 3 岁前就需要把孩子送到儿童之家的双职工夫妻会产生一种负罪感。确实是情况不允许，必须要把孩子送到儿童之家的话，在儿童之家的选择上一定要慎重。不要只关注环境好坏、老师水平高低、学费贵贱，我们最需要关注的是这里的老师对孩子是否充满关爱，是否能给孩子一个温暖的拥抱。虽然无法和妈妈的怀抱相比，但是老师的怀中也会散发出温暖的气息和感情。我们需要给孩子时间去感觉这种气息和感情，这是很重要的，所以我们最好挑选这样的儿童之家，那里有可以同孩子进行眼神交流，喜欢背背孩子、抱抱孩子的老师。

还有很重要的一点就是妈妈的心态。从孩子出生到3岁的这段时间，我们就当是买了保险，所有精力都要集中在孩子身上。人的一生很长，如果能在孩子出生的头三年用雨水一样的爱来浇灌他们，那么妈妈在之后的30年都会感到安心、顺心，更重要的是孩子一生的幸福都可以得到保障。

所以，尽可能缩短孩子在托儿机构的时间吧。我们需要在下班接孩子回到家后抽出尽可能多的时间同孩子进行交流。高质量的互动是不可少的，就算时间很短。根据我的经验，那些在下班之后或者休息日还被妈妈放到儿童之家的孩子基本都对爱充满了渴望。其他的小朋友都回家了，独自一人留在这里一定会感到被冷落，就算玩玩具也会焦躁不安，不断向门口看，希望能看到妈妈，更有一些孩子会一直哭着等妈妈。3年一晃即过，疲倦也好，折腾也好，如果下定决心下班之后只陪伴在孩子身边的话，也会和那些全天陪伴孩子的全职妈妈一样，可以传递给孩子充分的爱。

三、 妈妈的怀抱和“爱心饭”

把孩子带在身边养大是无比重要的，有妈妈在身边陪伴的孩子可以更顺利、稳定地成长。睡觉的时候也一样。

曾经有段时间，很多美国人为了培养孩子的独立性而把他们和父母分开，独自睡觉。可不知从何时起婴儿的猝死率却激增。“这是什么原因造成的呢？”带着这样的疑问，一直在调查各种养育环境的美国心理学者把注意力放到了美洲印第安人的育儿环境上。虽然印第安儿童在环境和营养方面跟美国孩子没法比，但是在他们的脸上却可以看到超过任何美国儿童的开心和幸福。接下来，学者走进印第安人的生活，开始观察研究他们的育儿环境。通过观察，学者发现在美洲印第安人中，妈妈全天都和孩子黏在一起，哪怕是做家务的时候也会背着或者抱着孩子，睡觉也是全家人睡在一个大房间里，不会把孩子和父母分开。印第安人的孩子几乎 24 小时都在妈妈的关心和爱护下成长，这样长大的孩子就会拥有健康的心理和安定的情绪。我看着美洲印第安人的养育方式，脑海中马上浮现出了我们的妈妈和奶奶。如果我们也能在成长过程中天天和她们黏在一起的话，完全没有必要到美洲那么远的地方去观察了。

不过，我们偶尔也会在一些育儿书籍中看到这样的警示，说孩子和父母一起睡有突然死亡的危险。根据某个研究结果，在不明原因突然死亡的 10 个婴儿中有 6 个是在和父母一起睡觉的过程中发生的。所以，基本可以推断出婴儿突然死亡的原因多是由于父母大意造成的窒息。这样一来，妈妈只会更加担心在同孩子一起睡觉的过程中发生可怕的事情。妈妈当然要对这些可能发生的事情提高警惕，于是开始关注和孩子一起睡觉时的注意事项，比如寝具要分开使用，睡着后手臂不能放在胸口上，最好不要趴着睡等，这些内容在育儿书中也能找到。其实只要妈妈下定决心时刻陪在孩子身边，总会找到各种和孩子一起睡觉的安全方法。

妈妈一定要给孩子一个温暖的怀抱，孩子在这里可以获得生存的勇气和自信。我们要用足够多的时间去抱他们，背他们，爱抚他们。这样一来，到 3 岁时孩子已经从妈妈的怀抱中获得了足够的爱和关心，使得他们上儿童之家时自信满满，很快地适应新生活。不要忘记这样一个事实，那就是在妈妈怀抱中吃饱了妈妈“爱心饭”的孩子可以同时获得独自生活的能力和集体生活的能力。

孩子丢失的天性

孩子在不断地向妈妈发出“妈妈抱抱我，妈妈摸摸我”这样的信号。

在孩子开始急躁之前妈妈一定要先发现信号并且给他们一个紧紧的拥抱。

每年 3 月，儿童之家都会变成一片哭泣的海洋，孩子的哭声不绝于耳。这些三四岁的小朋友就要离开妈妈的怀抱，在一个陌生环境中开始全新的生活，他们的内心会有多恐惧呢？还有，自己的孩子初次踏入“社会”，妈妈的内心又有多担心呢？

孩子为了适应儿童之家的生活需要付出相当多的时间和努力。能不能更好、更快地适应取决于孩子跟妈妈的亲密程度。在妈妈的怀抱中安安稳稳长大，与妈妈特别亲密的孩子虽然最初也会感到辛苦、难受，但他们往往马上就能接受老师和同学。而那些没能充分感受到妈妈的温暖怀抱，渴望关爱的孩子在完全适应之前会感到无比地辛苦。这样的孩子非常害怕早上和妈妈的分离，每次都要大哭，但真的到了晚上妈妈来接他时却又对妈妈表现得很冷淡。

一、 发育迟缓的孩子 vs 缺少爱的孩子

3 岁孩子的班里会出现各种各样的适应状况。勇宇的父母工作很忙，几乎没有时间照顾他，所以来儿童之家前勇宇完全交由保姆照顾。据说他 5 岁的姐姐也是从小在保姆的怀抱中长大的。勇宇的特点就是对小手绢过分执着，只有手里拿着小手绢，闻到上面的味道才能安静下来。他把手绢叫作“HAMI（音）”，除了“爸爸”“妈妈”之外从不说其他话。勇宇已经到了手中没有手绢就无法生活的程度。

执着于某一物品无法离开，这样的性格在对人上也有同样表现。比如说过分黏着某一位老师，做什么事都要和这位老师一起。甚至还有的孩子在妈妈到海外出差不在家的日子手里要拿着好几条小手绢才能安心。对勇宇来说，妈妈不在家的那段日子里，

就由手绢填补妈妈的空缺。妈妈有时间的时候也会来儿童之家接勇宇回家，但是总觉得背着勇宇的妈妈有什么地方看着不自然。那就是背孩子背得很吃力。勇宇反而感觉保姆背着的时候更舒服，更有安全感。看来，比起妈妈，勇宇跟保姆阿姨的关系更加和谐、亲密。勇宇的表达能力和处事能力都落后于其他孩子，但是他的妈妈仅仅认为他就是“发育迟缓的孩子”，并没有意识到造成这种局面的根本原因是孩子缺乏足够的爱。

由于妈妈晚上要学习到很晚，朱桓一直由奶奶带着。为了等晚归的妈妈，朱桓每天都要到很晚才能睡觉。这也是他迫切希望得到妈妈关心的一种表现。由于睡得太晚，每天早上都不能按时起床，上儿童之家经常迟到。朱桓还有一个毛病就是吃饱了也不停，一直吃下去，让人担心他是不是想用食物来代替从妈妈那里得不到的关心和爱。虽然无可奈何，但只要一想起朱桓我就感到难过、惋惜，甚至心痛。

也不是所有妈妈忙于工作学习的孩子都有朱桓那样的情况，妈妈全职在家照顾的孩子身上有时候也会发生同样的情况。那么，孩子为什么会执着于某一件事物呢？一位叫作柳泽的日本儿科医生把哭泣时表情僵硬或者不爱笑的孩子称作“SILENT BABY（沉默的宝贝）”。他认为，儿童用哭闹引导着妈妈的养育行为，即引导出他们与妈妈之间的亲密接触行为。如果妈妈三番五次地无视孩子发出的这些信号，那么他们就会渐渐停止发送信号，开始变得沉默。结果导致妈妈和孩子之间的纽带变得脆弱，孩子开始执着于某种特定的事物或者行为，以此来代替自己的妈妈。

二、 奶瓶 vs 毛毯

美国的心理学者及灵长类研究学者哈利·哈洛（Harry Harlow）曾经用猴子做过一个关于爱的实验。实验人员把小猴子同猴子妈妈强行分开后，把小猴子放到一个有两个毛绒猴子玩具的笼子里。一个玩具是用铁丝做的，身上拴着一个奶瓶，另一个玩具是用绒布做的，外面裹着毛毯。实验开始前大家都认为小猴子一定会去依靠那个身上绑着奶瓶的铁丝猴子，可结果却让人大跌眼镜。刚开始，小猴子还没能从和妈妈分离的恐惧中走出来，在笼子里上蹿下跳，不断哀号。直到发现再努力也无法回到妈妈身边后便开始接近玩具。但它的目标并不是有奶瓶的猴子玩具，而是那个用毛毯包裹的猴子玩具，尤其是有陌生人或物出现时小猴子更是紧紧抱着毛毯猴子，有毛毯猴子在身边时它也敢于探索一些未知事物。这个实验清楚地表明了温暖的接触对孩子来说有多重要。

心理学家玛丽·爱因斯沃斯（Mary Ainsworth）说成长缓慢的孩子同妈妈身体上的接触较少，比如亲亲、抱抱、抚摸等，同时，对于想找妈妈亲近一下的孩子遭到妈妈呵斥或者拒绝的情况却很多。同父母特别是妈妈身体上的接触是孩子感知世界的第一扇窗，是孩子全面发展的基础。通过和妈妈的接触，孩子可以知道自己是最珍贵的，从而获得自信，并从那些温暖的接触中变得相信别人。

三、育儿文化的变迁

偶尔会被学生家长问及这样的问题。

“身体接触太多的话，孩子会不会变得有依赖性？”

我的回答是否定的。有无数研究结果表明，妈妈和孩子身体接触与依赖性是成反比的。同妈妈有足够的抱抱、亲亲、抚摸等身体接触的孩子在成长过程中其要求都得到了充分满足，得到肯定的同时获得了自信，这种自信使得他们可以自己行动，不会依赖别人。

那为什么近年来孩子不能和妈妈进行充分的身体接触呢？为

什么现在儿童之家的孩子看起来比以前更加不安呢？或者是现在的妈妈不如以前的妈妈吗？绝不是那样的。我想是不是因为近年来的育儿文化正在向妈妈和孩子的接触减少的方向改变呢？

婴儿车、婴儿床、学步车就是例子。这些物品在令妈妈照顾孩子变得轻松的同时，也确实令妈妈和孩子的接触变得松散。当然了，一直抱着孩子是一件非常辛苦的事情。就算只是带孩子去趟超市这一简单的事情，如果没有婴儿车那几乎是不可能完成的任务。我们也不可能 24 小时跟在正在蹒跚学步的孩子身边，这时如果有学步车的话就可以把孩子暂时放在车里，妈妈不用担心他会受伤，可以安心做家务了。我说这些，并不是主张不要用婴儿车、学步车或者其他能带给我们帮助的育儿用品，不是说仅靠双手来养育孩子才是爱孩子，这样对妈妈来说是无理的要求。但是，我想叮嘱各位妈妈，在挑选育儿用品时，一定要把这件物品是对自己和孩子身体接触有帮助还是有妨碍作为重要标准。

举个例子，襁褓可以把妈妈和孩子紧紧绑在一起，妈妈长时间站立或者做家务时可以减轻很大负担。但是婴儿车却只能把妈妈和孩子分开。所以，婴儿车只在必要时使用，在家或者短时间外出时最好可以抱着或者背着孩子。

四、 像怀孕时一样和孩子即时互动

现在世界各地都在流行“襁褓育儿”。韩国逐渐消失的东西正在美国、欧洲发挥着它的真实价值，可我们却不再用襁褓养育后代了。相比于襁褓，我们现在更熟悉的应该是婴儿车、学步车等育儿工具。

根据《古老的未来，传统育儿的秘密》一书中引用的康奈尔大学人类学教授梅雷迪思·斯莫尔的话来看，随着人类开始直立行走，怀孕时间也缩短了。人类的大脑是类人猿的 3 倍大，按说怀孕 21 个月之后生产是最安稳的，但实际上怀孕只有 10 个月。所以，斯莫尔教授强调在孩子出生后需要一个同妈妈肚子里类似的环境。对婴儿来说，10 个月的子宫内生活、羊水的温暖、母亲轻柔的行动以及母亲心脏跳动的声音就是他所熟悉的环境。因此，我们需要和孩子进行密切接触和互动，就像在怀孕期间一样。

令人惊讶的是，用襁褓把宝宝背在背上就可以再现怀孕时的环境。被襁褓包着趴在妈妈身上，两只手环抱着妈妈的后背，这个姿势与在妈妈肚子里的时候是相似的。这样的姿势可以让孩子直接感受到妈妈的体味和体温，能够成功唤起孩子出生前在子宫里的记忆，从而令他们感到安心、踏实。襁褓不能包裹得太松，否则一不小心孩子会有掉下来的危险。所以，要把孩子裹得结实一些，紧贴后背，让他们可以听到妈妈扑通、扑通的心跳声，可以感受妈妈走路时的每一个动作，这样就找回了在子宫里面的感觉。当妈妈把不停哭闹的孩子背到背上后，过一会儿孩子就睡着了。实际上有研究结果表明，经常用襁褓包裹的孩子比坐婴儿车的孩子爱哭闹的比例相对较低，肚子疼的时候也相对较少。

被襁褓包裹趴在妈妈背上是可以闻到妈妈体味的最近距离。我的大儿子上小学之前，每天从学校回来都要闻闻我身上的味道，还说要把妈妈的味道收集起来制成一种香水。妈妈身上当然不会有什么好闻的味道，可是孩子就是喜欢。回想起我小的时候，妈妈身上的味道就是能让我安静踏实下来的“特效药”，所以我很理解儿子的心思。油烟味、大蒜味、汗水味……与妈妈浑然一体的这些气味离香水味很远，离我很近，这种独一无二的香味是任何香水都无法给予的。

五、 母爱就像一首歌

睡吧，睡吧，睡吧，睡吧，
我家宝贝快快睡吧，
小狗小狗你不要叫啦，
我家宝贝睡不着啦！

这是我们儿时常听、人人都熟悉的一首摇篮曲。即使现在长大了，只要再听到这首歌，内心深处就会充满暖意，产生一种不可名状的踏实感，同时也会想起妈妈和奶奶那温暖的胸怀以及抚摸我们小肚皮的柔软的双手。摇篮曲不仅仅是一首歌，在这平缓的调子里还有敲着节拍的双手和妈妈的声音。同妈妈的体味一样，通过摇篮曲也可以感受到妈妈的爱，使孩子的情绪稳定下来。

现在人们还给孩子唱摇篮曲吗？是不是只给孩子用播放器播放摇篮曲呢？父母平时都很忙碌，能完整唱出来的摇篮曲或童谣没有几首，于是有的人认为用播放器来播放摇篮曲是更好的选择。可是孩子需要的不是从电子产品中发出的毫无感情的机械声音，他们更喜欢在肚子里时就听到的妈妈的声音。怀孕时，胎儿可以感知到妈妈讲故事时的声音特点，同时也感知到妈妈有规律的心跳，在这样的语言特点和心跳节奏下胎儿可以感觉到安全、踏实。因此，出生后他们也希望有可以令他们感到安心的同样的声音和节奏。

如果给孩子哼唱与呼吸节奏相似的摇篮曲，会让孩子感到踏实，也会帮助他呼吸平顺。再有，摇篮曲是歌也是话语。摇篮曲的内容不是固定的，把孩子喜欢的内容编成歌谣就行。内容可以是白天和孩子一起做过的事，也可以是教孩子怎样健康成长，还可以是自己对孩子的期望等。总之，就是在一个不断重复的节奏中，一边轻拍孩子一边把各种内容混合唱出来就可以了。漂亮衣服也好，有趣的玩具也好，孩子最需要的还是妈妈的摇篮曲。摇篮曲装满了妈妈对孩子的希望，是妈妈的爱之歌。

孩子不停地向妈妈发出“抱抱我，摸摸我”等各种信号，在他们厌烦之前妈妈一定要先抚摸孩子。孩子初次见到的世界就是妈妈，这个世界总是陪在自己身边，一呼唤就有回应，永远向自己敞开温暖的胸怀。当孩子感受到这一切，就算今后进入社会他也不会再感到恐惧，而是可以勇往直前地走下去。

妈妈和孩子玩的爱的游戏

孩子笑着做完“檀童十训”① 后，脸上都是一副开心灿烂的表情，皮肤也变得光彩照人。

为了让小朋友的身体得到舒展，儿童之家每天早晨都玩摇头拍手的游戏。以前好像都是奶奶在家把小孙子放到面前教这个游戏，现在儿童之家是把小朋友都聚在一起来做这个游戏。

摇头拍手这两个动作一直被人们认为仅仅是小孩子的一种本事，可实际上这不仅是一种科学的身体活动，也是一种哲学性的指导。儿

① 韩国传统育儿方式，共有十个动作。——译者注

童之家创建初期，一直带着孩子跟着电视节目中的体操练习。后来不知为什么觉得这些体操都不适合孩子的身体，于是开始寻找了解韩国祖先流传下来的肢体动作游戏。了解发现，原来我们的祖先早就创造了一些既让孩子喜欢，同时也对智力、身体发育有帮助的肢体动作游戏。这些游戏通过各种记录流传至今。从檀君①时代流传下来的育儿法“檀童十训”，退溪李滉②研究创造的健康体操“导引法”，还有通过模仿虎、猴、熊、鹤、鹿五种动物动作演化而来的“五禽戏”，这几个都是传统肢体动作游戏的代表。

这些游戏里面历史最悠久的就是“檀童十训”。“檀童十训”是从檀君时期起老人用来指导不满周岁的小孩子的十个动作，也正是我们今天熟知的摇头拍手游戏。事实上，我们儿时在家和奶奶、妈妈一起做摇头拍手、戳手指游戏（用一只手的食指戳另一只手的手掌）是一天中再自然不过的一件事了。只要是有孩子的地方，无论何时何地，这些游戏想做就能做。但是，近年来人们普遍认为西方的教育方式更加先进，于是渐渐抛弃了传统的摇头拍手游戏，开始学习西方的体操。家长基本不再陪着孩子练习爬、坐、走路，孩子更多的时间是坐在学步车中度过的。

---

① 传说中的韩国始祖。——译者注

② 朝鲜时代中期的大儒。——译者注

根据某研究结果，77. 4%的父母不和孩子做“檀童十训”之类的传统游戏。其中，不知道怎么玩的父母占50. 9%，认为没有教育意义的占17. 3%，没时间玩的家长占31. 8%。

随着近年来“檀童十训”在促进儿童运动能力和脑神经及肌肉发达方面的作用凸显，这些传统育儿游戏又重新引起人们的注意。市场上出现了对“檀童十训”作出详细注解的专门书籍和手机应用，这些变化令人欣喜。

一、 不同发育期要玩不同的肢体游戏

根据婴幼儿发育的不同时期，“檀童十训”的动作分别是摇头、握拳、拍手、戳手指、平衡力、学步等。可以竖起脖子的白天左右的婴儿进行摇头的游戏，6个月左右的婴儿开始进行锻炼手眼协调能力的拍手和戳手指的游戏，8个月大的婴儿就可以玩张开双臂挥舞的游戏了，9个月开始可以抓住他的腰来晃动和辅助他站立。

“檀童十训”的每个动作都需要妈妈和孩子互相对视，抚摸，通过充满爱意的接触和有节奏的晃动来使孩子情绪安稳，同时歌词中也饱含了妈妈对孩子的指导以及祝福。在进行“檀童十训”的过程中，孩子会渐渐明白自己的身体才是这个世界上最有趣的玩具。

不亚不亚[1]

刚刚开始学习走路的时候，妈妈可以抓住他的腰左右晃动，同时嘴里发出“不亚不亚”的声音，这里含有“希望我们珍贵的宝宝能够茁壮成长，将来照亮整个世界”的意思。

侍想侍想

让孩子站立或者坐在对面，前后推拉的同时嘴里唱着“侍想侍想”或者“达将达将”。这是希望孩子懂得自尊自爱，同时也懂得尊重别人。

道理道理

一边教孩子左右晃动脑袋一边说着“道理道理”。这是在教导孩子要明白世上的道理，睿智地生活。

持暗持暗

一边教孩子做握拳再张开的动作一边说着“持暗持暗”。这是在教导孩子要分清是非曲直，做正确的事和正直的人。

---

① “檀童十训”每个动作都伴有简单歌词，此为歌词译音。以下同。——译者注

坤地坤地

教孩子用右手食指不停地去戳左手的手掌，同时嘴里说着“坤地坤地”。这是在教导孩子要效仿大地的法则，积德行善。

西摩西摩

扶着孩子站在大人的手上，嘴里唱着“西摩西摩”或者“大路大路”。这是在教导孩子不要总想着依靠别人，要靠自己的本事生活。

业非业非

孩子做一些不好的、危险的动作时，让他们向前伸展双臂摇动双手，同时嘴里唱“业非业非”。这是在教导孩子不要做那些不好的动作，要慎重。

亚含亚含

用手捂住嘴，发出“亚含亚含”的声音。这是让孩子知道他们自己就是一个小宇宙。

作作宫作作宫

一边拍手一边用嘴发出“作作宫作作宫”的声音。寓意是要有一颗善良、美好的心。

质罗阿备　活活

张开双臂用力晃动，嘴里发出“质罗阿备　活活”的声音。寓意是现在已经明白天地间的所有事理，以后就吸收大地精华，没有疾病困扰，充满活力地生活下去。

二、“檀童十训”是产生“感动激素”的源泉

就算初次接触“檀童十训”，孩子一点儿也不会感到陌生。难道是因为已经流传几千年了吗？接触到“檀童十训”的孩子都很踏实和开心。

天天坚持做“檀童十训”的孩子身体变得越来越结实，这是最大的变化。孩子健康的体质来自身体的活动。“檀童十训”正是以身体活动为基础的游戏，成长的不同阶段配合着不同的歌词，孩子从头到脚都可以活动起来，身体自然也就一天天变得结实了。

而且，“檀童十训”是通过人与人的互动形成的身体动作。比起玩具、教学用具，通过与妈妈或者老师的怀抱、手、脚、眼的交流形成的这套动作可以让孩子从内心感到踏实和自信，也可

以积极地同陌生人建立起关系。

孩子笑着做完“檀童十训”后，脸上都是一副开心灿烂的表情，皮肤也变得光彩照人。在这个瞬间，孩子的体内生成了相当多的 Didorphin（“感动激素”）。Didorphin 的效果是 Endorphin① 的 4000 倍，只有在特别感动和愉悦的时候才会生成。所以，父母或者老师和孩子面对面一起做的“檀童十训”可以说是产生“感动激素”的源泉。

---

① Endorphin：内啡肽，有镇痛作用的激素。——译者注

当孩子感到无助彷徨时

在孩子的成长过程中，他总会有无助彷徨的时候，妈妈要多鼓励孩子，给予他们真挚、温暖的回应，认同他们的感受，让他们知道妈妈是永远相信自己一定行的那个人。

一、 妈妈要多鼓励孩子

一定要让孩子知道，不管别人说什么，不管现在的处境有多难，妈妈是永远相信我、会给我拥抱的那个人。

孩子是沐浴在父母的爱之中长大的。父母的爱通过动作和语言来表达。我们对孩子说的每一句话都会给孩子带来力量和波动，既可以变成一把刀给心灵带来伤害，也可以像雨水一样给心灵以滋润。

"不是告诉你别跟别人打架吗！"

"如果我数到十你还不能把玩具收好我就把它们都扔了。"

"谁能喜欢你这样的小孩啊？"

"你怎么那副德行？"

"这件事做完之前别想出去！"

意外的是，去了解孩子内心想法并与他们沟通的父母并不多。对干孩子的行为或者语言，他们第一时间总是训斥或者和其他亲戚朋友的孩子作比较，让孩子觉得自己总是不如人。而且，做父母的经常在责备孩子的时候陈芝麻烂谷子的事全都翻出来说一遍，结果，孩子的自尊心丧失殆尽。

在无休止的批评和责备声中长大的孩子会缺乏自信，认为自己是个没用的人。反之，从小在表扬声中长大的孩子往往会成为一个优秀的、受人尊敬的人。这是因为周围的人都把孩子当作宝贝，表扬他、称赞他，那么他自己也会下意识地向好的方面努力发展。

妈妈需要永远跟孩子同一阵线，支持他们。一定要让孩子知道，不管别人说什么，不管现在的处境有多难，妈妈永远是相信他们、会给他们拥抱的那个人。小孩子就没有压力了吗？本来妈妈只属于自己一个人，突然多出一个弟弟或者妹妹威胁到自己地位的时候；第一次去儿童之家的时候；妈妈突然有事把自己放到家里出门的时候；需要跟其他小朋友一起玩一件玩具的时候；对大人发脾气的时候……以上种种都会让小孩子感到人生无助彷徨。每当这样辛苦、厌烦的时候，大人的一句话就可以使他们获得勇气和自信。

“嗯，没关系的。”
“你的心情妈妈都理解。”
“妈妈现在有点儿忙，等一下就去帮你。”
“做得非常好，再来一次。”

多找一些可以给孩子带来激励和勇气的话，争取每天都对孩子说几句吧。坚持下去你会发现孩子的表情变得不同了。比如下面几句话用不同的方式来表达是不是很不一样呢？

“不要这样做！”换成“这样做怎么样？”
“不可以！”换成“你这样做妈妈会担心的。”

“别跑了！”换成“走路怎么样？”

“别吵了！”换成“像小蚂蚁一样轻轻地说话吧！”

生活中有很多话都可以表达我们对孩子的爱，其中最好的一句话就是“谢谢你”，我们要教导孩子多说“谢谢”。可说实在的，我们做父母的总是觉得对孩子说“谢谢”很别扭，甚至没有必要说。那么现在从小事开始对孩子说“谢谢”吧。慢慢地孩子会认为“我对妈妈是非常重要的，我可以给妈妈带来帮助，我能让妈妈快乐”。用语言表达爱的同时最好能配合表达爱的表情和动作。小孩子对妈妈的表情很敏感，随时都会观察你的表情和动作。所以，我们和孩子在一起时一定要注意自己的表情，真心对待他们。刚开始时可能会有些别扭，但很快就会适应。一定要牢记妈妈说出的每一句爱的话语都能让孩子变得更加坚强、勇敢。

二、 倾听孩子的心声

对孩子所说的话给予真挚、温暖的回应可以使他们增强自信。

辛智是一个害羞、话少、不轻易吐露内心想法的孩子。有一天，他踌躇了很久之后来到我旁边，一副满脸郁闷的样子悄悄地跟我说："老师，小朋友把积木拿走了……"听他意思是别的小朋友招呼也不打就把他正在玩的积木拿走了。听完辛智的话，我抚摸着他的后背说："我们辛智觉得很郁闷所以才来找老师了啊。"从这之后，辛智大大小小的事都愿意跑过来不厌其烦地说给我听。偶然间我听到辛智对朋友说："不管我说什么，老师都会听我说。"说这话的时候脸上也是一副欣喜的表情。入园一个多月都听不到辛智说一句话，可自从那次我认真倾听并且对他说的话做出反应之后，辛智在儿童之家的生活变得开心积极，和小朋友之间的相处也变得融洽了。

三、 认同孩子的感受

不久前，一个20多岁的年轻人残忍地杀害了自己的母亲和妹妹，杀人理由出乎意料的简单："从小的时候，妈妈就只听得进妹妹的话，只关心妹妹在想什么，而对我说的话充耳不闻，只知道责怪我。"虽然这只是一个极端案例，但足以表明倾听孩子的心声对他们的人生有多么大的影响。每个人都希望得到他人的肯定，孩子也一样。爸爸妈妈是最接近孩子、最支持孩子的人，只有从爸爸妈妈那里得到肯定，才能为孩子的自尊心奠定基础。全心全意倾听孩子的话，孩子也会感受到“我是珍贵的，我是大家的宝贝”。

“妈妈，今天在幼儿园，玄载把我的彩纸撕坏了。”
“嗯，难过郁闷了吧？”

认真倾听孩子的心声并给予他们温暖的回应会让孩子增强自信。不过在倾听时，需要注意妈妈说话的时长最好不要超过孩子。为什么呢？因为孩子就是表达一下心情，如果妈妈说得太多有可能使他们感到不快，好像在接受教育一样，渐渐地孩子就不喜欢跟妈妈表达心声了。还有就是听的同时还要给予回应，这个回应一定要适时、适当。

“今天我在外面跟恩乔玩过家家了……”
“嗯，怎么样呢？”
“我当妈妈，恩乔当宝宝。”
“哦，是这样啊。”

大家都有过这样的经历吧？自己说了半天对方毫无反应或者反应不冷不热的话也就不好意思再说下去了。孩子也是一样。对于他们的话妈妈总是给予“嗯”“是”“当然”的肯定或者点头回应的话，那么孩子会越说越来劲。还有一点需要大家记住，那就是重复孩子的话。

"今天走路摔了一跤，腿可疼了。"
"是吗，腿一定很疼啊。"
"还有，我跟熙俊打了一架，心情很不好。"
"跟熙俊打架了吗？心情肯定不好了。"

妈妈可能会觉得这么重复孩子的话没什么意义，但是这可以使孩子感觉到妈妈很理解他的心情。不过就是这么简单的事也有大人做不好，例如下面的对话：

"今天走路摔了一跤，腿可疼了。"
"谁让你走路不看前面，摔了吧？"
"还有，我跟熙俊打了一架，心情很不好。"
"那以后别再跟小朋友打架了。"

其实孩子早就知道这些答案，知道以后走路要看前面，知道以后不再跟小朋友打架，他们只不过想表达一下自己郁闷的心情，希望得到妈妈的理解罢了。这个时候，妈妈只需要表示出"我充分理解你"就可以了，千万不要说一些责备或者教训的话。如果哪天孩子从幼儿园或者儿童之家回来之后突然变得不像以前那么爱说话，问都不回答的话，原因大概就是这之前的某一天，孩子在讲述某件事的时候，父母给出的反应好像在追问责备他“为什么这样”。这样一来，孩子就会渐渐变得不爱说话，不愿再跟父母讲述自己的生活。反观自身，大人也不愿意和这样的朋友聊天吧？所以，倾听孩子讲述的同时适时地给出“嗯”“是啊”这样的反应吧。慢慢地，孩子就会变得喜欢分享自己的故事，成为一个可爱的小话匣子。

如何将缺点转化为优点

整天和孩子打交道，总有气急败坏或者泄气的时候。

越是这样的时候越要发掘孩子的优点。再一无是处的孩子，只要用心，一定会发现他身上也有很多优点。

在儿童之家上班可以遇到各种各样的孩子。每个孩子都有自己的特点，当然也就少不了那些老师难以管教的孩子。6 岁的允才就是这样一个小朋友。他总是跟其他小朋友打闹，不守规矩，还喜欢打小报告，经常装肚子疼之类的，很是让老师们头疼。劝也劝过，骂也骂过，全都无法改变允才的这些行为。直到有一天，和孩子们在一起做了“表扬接力赛”的游戏，允才作为这个游戏的主人公被介绍出场。

“今天游戏的主角是我们的允才，大家都来表扬一下允才做的好事吧。”

“允才很有力气。”

“允才可以倒着滑滑梯，滑得很棒。”

“允才抓小蚂蚁可厉害了。”

“允才很勇敢。”

孩子们七嘴八舌地表扬了允才，反应极为热烈。允才不再是朋友眼里那个喜欢打架、爱打小报告、喜欢捣乱的孩子，而成为一个具备无数优点的小朋友。调皮捣蛋的允才曾经让人觉得一无是处，但只要大家齐心协力一起发掘，就会发现他也是一个有很多优点的小朋友。

一、 感到孤独或者辛苦的时候就画画

我有两个孩子，虽然是从一个肚子里生出来的，可他们从小就非常不一样。老大社交能力强，人缘儿好，在哪里都起着领导作用。老二则喜欢安静，独处，没什么朋友。赶上下雨天，两个

孩子的区别会表现得尤为鲜明。如果下雨天忘了带伞，老大会找人借把伞或者和朋友打一把伞回家，而老二却总是淋着雨回家。因此，我对老二总是感到同情和担心，担心他是否合群，是否能够适应学校的生活。

不知道是不是因为我们夫妻俩都学习很好的缘故，我们对两个孩子的期望也是学习好。老大由于不爱学习，刚上小学的时候吃了不少苦，可他马上就找到了合适的学习方法取得了优异的成绩，所以老二上学后我们都想当然地认为他会跟自己的哥哥一样，不用我们操心。结果出乎我们意料。小学四年级的一次考试后，我们问老二成绩，他告诉我们自己考了 45 分。看他表情平静，我又问："满分是 50 分吗？"他答复我："满分是 100 分。"打击太大了。这是我万万没想到的成绩，完全无法理解，一下子火冒三丈。"你是傻瓜吗？"我脱口而出。老二当时就愣住了。从这之后我觉得不能再像以前那样放任不管了，开始每天指导老二学习。可就算这样他的学习成绩还是没有提高。偶尔拿一次 90 分以上，我还把他的考卷贴到冰箱上让全家都给他掌声。不过这些都没有效果，老二的成绩依然没有起色。虽然老二的学习成绩不好，但是他在绘画方面好像有点儿天赋。我见到过他在画画时的忘我投入，而且他从来没有正式学过绘画，但是他的画作却拿过奖。

老二的长处就是画画，后来他上了艺术高中。考大学的时候，不知是不是因为对美术充满信心，文化课的学习也变得努力了，成绩也一天天得到了提高。现在，他考上了自己喜欢的美术学院，正在朝着他的梦想一步步前进。

“上学的时候，如果感到孤独或者辛苦的时候我就画画。画画可以让我忘掉一切烦恼，感到幸福，现在也还是喜欢画画。”

我家老二用上面两句话描述了他的小学和中学时代。如果当时我一味逼着他好好学习的话，那么我是不幸的，孩子也是不幸的。

二、 想学什么由孩子自己决定

俊植是从我们这里毕业的学生。去年秋天，他的妈妈找到了我，对我说：“园长，我们俊植已经该上大学了，准备考生命海洋科学系，您能不能给他写一封推荐信？”听完这些话，俊植儿时的样子马上浮现在了我的眼前。

那个时候，俊植对小昆虫的兴趣与众不同，关于天牛、蚂蚱、蜘蛛等昆虫的知识极为丰富。散步的时候看到一只虫子就再也迈不动步了，绘声绘色地给小朋友讲解昆虫的知识，甚至曾经趴在地上跟着蚂蚁爬来爬去。想着过去的种种，我写完了给他的推荐信。

不久，成功入学的俊植和妈妈又找到了我。从我们这里毕业之后，俊植依然对小动物充满了兴趣和热情，哪怕在公寓生活的时候也养过各种各样的动物。还听说他自己做了很多昆虫和鱼类的标本保存至今。

“俊植啊，你到了生命海洋科学系想学点儿什么呢？”

“我们国家的鱼类不是正在渐渐消失吗？我想做的就是恢复这些正在消失的本土鱼类，现在正在坚持做这方面的资料搜集工作。”

进大学前一定要树立学习目标，否则上了大学依然会感到彷徨，所以带着明确目标上了大学的俊植现在感到很满足。俊植从小就很清楚自己的兴趣所在，早就决定要把自己的未来全部贡献在这件事情上。

现在大家已经渐渐不再认为只有成为律师、医生、教授才算成功的人生，而是更喜欢那些能够与自己兴趣相结合、有发挥空间的工作。所以说，找到孩子的兴趣所在并加以鼓励是一件让孩子感到幸福的事情。

三、用身体、图画、故事来写“论文”的“博士们”

一般小孩子从儿童之家毕业时都会给他们戴上学士帽，不过我们儿童之家在孩子毕业时给他们授予“博士学位”。昆虫博士、跳绳博士、故事博士……这样做是一种激励，他们在儿童之家期间把自己的兴趣展现给我们，并为此兴趣付出了努力。当然，我们的学位有无数种。我拜托父母记住我下面所说的。

> “今天诞生了53名博士。他们的‘博士论文’不是用文字和数字写成的，而是用身体、图画和故事来完成的。这些‘博士’涉及昆虫、跳绳、手工、讲故事等多种领域。这些领域就是孩子们的长处和才能。为了孩子的真正幸福，我们一定要让他们的长处和才能得到发挥。那么，我认为30年之后，这些孩子或许会成为昆虫学、植物学、生物学、体育学、文学方面的博士并且会回想起自己的幼年时代。”

积极心理学家马丁·塞利格曼（Martin E. P. Seligman）曾经说过：“养育孩子最重要的不是纠正他的缺点，而是要发掘他的优点和美德，使孩子本身具有的积极特质得到最大限度的发挥。”如果经常发掘和表扬孩子的优点，你会渐渐发现原来的那些缺点自然而然地消失不见了。

整天和孩子打交道，总有气急败坏或者泄气的时候。越是这样的时候越要发掘孩子的优点。再一无是处的孩子，只要用心，一定会发现他身上也有很多优点。固执的成俊什么事都想自己一个人解决，独立性很强。彩仁总是把东西弄得一团糟还不会收拾，但是她不管处境多艰难都能积极乐观地面对。恩秀就喜欢跟妈妈对着干，但是他做什么事情都要做到最后，很有责任感。如果奉浩感到不满意有时就会打弟弟，但是他很有幽默感，很会逗人笑，在朋友中间有很强的领导力。世允是个动不动就哭的“爱哭鬼”，可她很会照顾弟弟。

只要耐心观察寻找，孩子身上的优点是找不完的。我们要做的就是让孩子的这些优点得到发挥并且给予表扬。如果孩子喜欢做饭，那么就创造机会让他和妈妈一起做饭；如果孩子喜欢去室外玩耍，那就多带他去公园或者游乐场。还有，表扬孩子的时候一定要有具体的方式方法，最忌讳只会说“做得好”这句话。因为孩子很快就会察觉到这种表扬是不是发自内心的。如果父母的表扬是发自内心、充满爱意的话，孩子就会对自己的优点更加充满自信，内心变得开朗、放松，也会更加朝气蓬勃地成长。

亲子间建立信任的桥梁

严厉呵斥孩子的话会使孩子把失败隐藏起来变得爱说谎。

对大人来讲也是表扬好过批评，对孩子更是如此。

比起批评和责备，通过表扬来改变他们更容易。

“我也想表扬他，可他完全没什么值得我表扬。”

“不知道为什么，总觉得我们家孩子比起别人家的有一些不足。”

培养孩子自尊心的最好方法就是表扬他，可是经常听到妈妈们说不知道表扬什么。这是因为我们觉得只有表现好才能表扬。但是，情况真的如此吗？从孩子现在正在做的事情里找一找，有没有什么做得好的地方值得表扬一下？我们从以下几点来看看应该表扬什么，怎么表扬效果更好。

一、 表扬也要讲究方法

首先，妈妈对孩子的期望值要降低。如果妈妈对孩子的期待值高于孩子的实际水平，那么妈妈就很容易感到灰心、失望。有时妈妈也会在不知不觉间说出“你就能做到这个程度吗”“你这个孩子做什么都不行”这样的话。在妈妈的否定中孩子会慢慢丧失自信。如果妈妈知道了孩子会因为自己的否定而丧失自信，就应该降低自己的期望值，不要总是想着“当然应该会做了”，而应该想“不会做也是正常的”。

如果妈妈能够觉得“孩子只有 5 岁，做不好也是可能的啊”，那么孩子偶尔做好的时候就会觉得“哇，原来能做好啊”，这样反而会让孩子产生感激之情。

再有，表扬也是在“发现”。十次中能有一次做得好那就要表扬，而不要去批评那没有做好的九次。这样下去，十次都可能会做好的。

只要做得好一定要当场进行表扬。大部分孩子都不太喜欢打扫和整理房间，而大部分妈妈都习惯在孩子不打扫房间的时候指责他。“你为什么不整理房间啊？”听到这句话，孩子一般都会去整理房间，那么这件事也就这么过去了。可实际上，在他主动整理房间的时候进行表扬，要比他不整理房间的时候去责备他更有效果。比如可以说“整理得真干净啊”“吃完饭把碗筷都拿到洗碗池了啊，谢谢你”等。如果一个孩子经常欺负弟弟，可有一天突然不欺负弟弟还能和弟弟一起玩了，这个时候可以说“今天和弟弟关系很好哦”“今天能和弟弟一起玩，谢谢哦”这样的话。

在这里我想跟“表扬”一起说说的还有比较。“你表弟成均玩完玩具之后可以自己把玩具收拾好”“邻居家小朋友吃饭一粒米都不剩，你怎么就不行呢”“其他小朋友可以独自看书写字，你能吗”，孩子听到妈妈说的这些话会怎么想呢？孩子可能会觉得爸爸妈妈不喜欢自己，于是失去了做事情的积极性。

每个孩子在气质、性格等方面都不一样，就算是在发育阶段也有着明显的个体差异。如果只是单纯地从外部表现来和他人作比较就得出“我的孩子笨，别人家孩子聪明”这样的结论是很危险的。

如果你非要比较的话，就拿自己孩子的现在和以前比较吧，这样会发现孩子无数值得称赞的地方。孩子一直在成长。一年前做不到的事情现在可以做得很好，现在不会做的事情一个月后就可能会做了。但是，心急的妈妈总是忘掉这样的事实。如果妈妈能够发现并指出孩子成长过程中的种种变化，可以有效地增强孩子的自信心。比如“现在吃完饭都可以帮妈妈收拾桌子了啊”“以前总是欺负弟弟，可是今天妈妈不在家的时候你把弟弟照顾得很好哦，真的是个大哥哥了”这样的话。我们总是看着邻居家小孩更聪明、更优秀，不过可能在邻居妈妈看来我们的孩子更优秀。

有些孩子在失败的时候也需要表扬，比如那些比较敏感、很快就能察觉妈妈心思的孩子，在妈妈开口说话之前就能把自己的事情做完的孩子等。这些孩子通常都被我们认为是让家长省心的模范宝宝，可越是这样的孩子越需要家长操心。

我们儿童之家也有这样的孩子。有的早上一到儿童之家就把带来的东西分类放到小保管箱里，有的就算老师没吩咐也把装零食的小碗放到洗碗池内，有的吃饭的时候不和其他小朋友打闹安安静静地吃饭，有的出去玩的时候完全按照老师的指示行动。这些孩子让平时照顾他们的老师和妈妈感到省心和骄傲。

可是仔细观察会发现，这样的孩子大都是完美主义者，自身容易产生压力。他们觉得不能辜负妈妈的期望，每件事都要做到最好，相当于要发挥出自身能力的150%。这种情况下，只会让孩子无法用语言表达的负担变得更沉重。对这些孩子来说，就算哪件事情没有做好也要提出表扬：“做成这样已经很好了啊。”这样，孩子就会变得轻松自如一些。从认为不许失败到认为失败了也没什么，这个过程可以增强孩子的自信，让他变得积极并乐于表达自己的观点和主张。当然，这样做也可能会导致某些听话、省心的孩子变得让家长费心了。但是，我却认为这是孩子正在变得健康的表现，只要能让孩子摆脱自卑感就好。

最后，我想再强调一下对孩子最高的表扬就是充满爱意的“谢谢”。“谢谢”可以给孩子带来自信，可以使他努力营造和别人的融洽关系。当孩子告诉你“妈妈，我刷完牙了”“妈妈，我把筷子放到洗碗池里了”的时候，不要用“嗯”来敷衍，请跟孩子这样说吧：“你在妈妈说之前都做好了啊，谢谢！”这句话比其他任何语言更能让孩子觉得满足。

二、 孩子都有值得表扬的宝贵之处

表扬也好，批评也好，根本目的就是使孩子改掉坏习惯，养成好习惯，但是过分地批评责备反而会令孩子在失败的时候选择隐瞒或者欺骗，而且如果孩子批评听得多了会变得更加不遵守规矩。成年人和孩子都是如此，比起批评，表扬更容易令他们改变。

由此可见，我们用表扬的方式来鼓励孩子多做正确的事不是更好吗？虽然父母有时候也会被孩子气得跳脚，只想狠狠地批评他一顿，把他的臭毛病都挑出来，但是，每当这个时候请静下心来，用心感受一下孩子身上是否有值得表扬的闪光点吧。请记住，表扬可以在妈妈与孩子之间建立牢固的信任。

撒娇，孩子发出的红色信号

孩子在不断重复的依赖和自立的阻抗作用中成长起来。

对一个希望确认妈妈的爱而撒娇的孩子说“别闹了，安静点儿”，是一件很冷漠的事。

妈妈一般都觉得孩子撒娇是没礼貌的表现，所以应该教育孩子不要总是撒娇。殊不知，撒娇也可能是孩子向妈妈发出的信号，告诉妈妈“我需要你的爱”。那些因为妈妈上班而较早来到儿童之家的孩子看起来都比较疲倦，肯定是一起床就马马虎虎洗个脸，穿上衣服就被妈妈送过来了。就算在车上睡了一觉，依然一副头发乱蓬蓬、精神萎靡、睡眼惺忪的样子。早上这段时间对妈妈和孩子来说都好像打仗一样，所以，当妈妈和孩子分开的时候，孩子有时会烦躁和撒娇。

一、 与妈妈分离，孩子如何克服分离焦虑

5 岁的书妍在大门口和妈妈做了很长时间的告别。

“妈妈，妈妈，亲亲，亲亲我！”
“哎呀，妈妈上班要迟到了。妈妈的上司会生气的。”
“那也要亲亲，这儿，还有这儿。”

书妍不仅要妈妈亲亲她的脸，还要亲她的脖子和手，而妈妈对她的撒娇给予了积极回应。按照书妍的要求都亲了一遍之后，书妍才跟妈妈说：“妈妈，再见，到时见。”这样，书妍在确认了妈妈对她的爱之后与妈妈分开，就能有效地克服分离焦虑，让自己这一天的生活充满了力量。

那些平时表现积极、生龙活虎的孩子在傍晚妈妈来接他的时候也会性格突变。突然开始撒娇，连语调都变了，用类似大舌头的声音问“妈妈，你怎么现在才来”，或者莫名其妙地哼哼唧唧，弄得有的妈妈有些不知所措。这个时候有的妈妈会温柔地接受孩

子撒娇，有的妈妈则会呵斥孩子：“你这孩子怎么回事？有话直说，你是小孩子吗？”每当我看到这样的场景就担心孩子会受到伤害。

为了孩子能够安稳、自信地生活，父母有时要接受孩子撒娇。比起“这么大了还像个小孩一样撒娇”这样的当面呵斥，要认识到孩子现在仍然渴望妈妈的爱，更要给孩子多一些爱的表达。纠正那些过分的撒娇行为固然重要，然而更为重要的是妈妈要知道整天待在儿童之家的孩子也有可能会受到心灵上的伤害。看着专心给自己穿鞋的妈妈，孩子会觉得“我是妈妈最珍贵的宝贝”，变得更有安全感和自信，对自己的肯定也会成为孩子在这个世界上生活下去的动力。

二、 先于独立性和自我控制力出现的撒娇行为

5 岁的东熙是一个态度消极、极度缺乏自信的孩子。他在妹妹出生之后一下子变得爱撒娇了，他会像小孩子一样缠着妈妈背背，也会反常地在跟妈妈说话的时候哭闹。

一般来说，孩子在自己的弟弟或者妹妹出生之后会突然做一些以前从来不做的事情。一直以来只属于自己的妈妈的怀抱、妈妈的视线、妈妈的关心现在开始集中在另一个小孩子身上，每当

这个时候他们就会感到空虚和失望。以前一直自己吃饭的孩子会跟妈妈说“妈妈喂我吧”，一直自己穿衣服的孩子会跟妈妈说“妈妈帮我穿吧”。这个时候不要责备孩子，否则会使他们的自我认知变得负面，会令他们觉得自己是不受欢迎的人。如果妈妈跟孩子说“好，我先喂你再喂弟弟（妹妹）”的话，他马上就会表示同意，甚至会说出“妈妈，下次我会自己吃饭的，你先喂弟弟（妹妹）吧”这样的话。这样一来，孩子心里会变得舒服，独立性也会增强。

要想让孩子以后的生活更加顺利，独立性是必需的，不过培养独立性的前提是心理上的安定踏实。因此，不要担心孩子偶尔的撒娇，反而应该在他撒娇的时候让他尽情去撒，这样可以令他心里踏实，变得自立。幼儿时期是应该向父母撒娇和依赖父母的时期。在孩子撒娇并被父母接受的过程中，他会增加对他人的信任感，也会更加认可自己。信任他人的孩子会多为对方考虑，有利于构建良好的人际关系。那些自己的撒娇行为不被父母接受的孩子，很难对别人产生信任感，并且很容易对自己形成很低的评价。这样的孩子容易变得孤僻，具有攻击性，甚至可能会患上被害妄想症。

接受孩子的撒娇行为并不意味着父母要过度保护孩子。例如，孩子穿鞋穿不上的时候妈妈帮助他没有问题，而明明孩子自己会穿并且希望自己穿的时候妈妈却来给他穿鞋，这种行为就是过度保护了。那么，我们能接受的孩子的撒娇底线在哪里，应该如何应对，如何做出判断呢？由于从妈妈那里没有得到足够的爱，弟弟或妹妹的出生又使自己感到被冷落，所以这个时候会用撒娇来确认妈妈对自己的爱，这样的撒娇妈妈不要拒绝。但是孩子为了掩盖错误而撒娇时妈妈就要坚决地采取应对措施了。

三、 不能接受的撒娇行为

比同龄人成熟，什么事都能做好，甚至连老师的杂事都可以一手包办的载勋有时也会撒娇，那就是在他弄伤朋友的时候。男孩子们在一起玩闹的时候少不了摔跤或者受伤，互相说声“对不起”拍拍土站起来就行了。但是有着强烈自尊心的载勋在这种时候却不愿意说“对不起”三个字，而是开始向妈妈撒娇，抱着妈妈大腿发出小孩子的声音。这是因为他不想跟小朋友说“对不起”但又怕妈妈生气，想通过撒娇把这件事混过去。这样的撒娇我们绝对不能接受。这种时候我们首先要做的就是鼓励载勋向对方正式道歉。自己一个人玩积木却不让别的小朋友碰，还对妈妈撒娇说“小朋友想抢走我的积木”，这种时候妈妈需要果断制止，并且告诉孩子要跟其他小朋友一起玩。如果父母无条件地接受孩子所有的撒娇行为，就会造成孩子自我调适能力不足。而自我调适能力是社会交往的根本。公众场所不能大声喧哗，要守秩序，在某些场所肚子再饿也要忍，能够知道并且做到这些的能力就是自我调适能力。具有自我调适能力的孩子更容易与他人友好相处，并具备较高的道德品质。

孩子在不断重复的依赖和自立的阻抗作用中成长起来。对妈妈撒撒娇，某种程度上确认了妈妈的爱之后会希望自己变得自立。这个过程中感到辛苦的时候孩子也可能会再次变得爱撒娇，甚至超过之前。如果对一个希望确认妈妈的爱而撒娇的孩子说“别闹了，安静点儿”，是一件很冷漠的事。妈妈自己心里要有谱，知道何种情况下要断然拒绝孩子撒娇，除此之外的撒娇都是可以接受的，这样下去孩子长大也会是一个身心健康的人。

无心给孩子造成的心灵伤害

当你想要批评孩子的时候，请再三考虑是否真的需要，是否真的是为了孩子好。

请务必记住孩子还只是个孩子。

每个孩子都有不同的性格。有敏感的孩子，有温顺的孩子，有大大方方的孩子，还有小心谨慎的孩子，就好像面貌有多种多样一样，性格也是多种多样的。我们在表扬或者批评孩子的时候需要考虑到他们的性格。那些自信、积极的孩子就算受到严厉的批评也会虚心接受，知道妈妈都是为了自己好，会下定决心改正错误；那些性格温顺、大大方方的孩子一般也不会把挨批当成一回事，左耳听右耳冒，批评他的人会觉得很无趣，最后大家一起笑笑了事。与这样的孩子在一起很轻松，因为你生完气之后他很快就会过来让你抱抱。

但是，我们在批评性格小心谨慎和比较敏感的孩子时一定要注意。对于“不是跟你说不能画在桌子上吗”这句话，有些孩子会耍小脾气，有些孩子会害怕，批评这样的孩子时最好不要说得太直接。对待那些固执的孩子不要直接批评，否则他们从心底里会不服气或者容易反抗。这些孩子外表看起来并不接受批评，但是由于他们表达不出来，所以比起其他孩子心灵上更容易受到伤害。为了纠正孩子固执的性格而进行更严厉的批评很容易，可越是这样越会加深孩子心里的创伤。在我们的儿童之家这样的孩子很常见。

一、 别的孩子不都是那样吗

乍一看韩硕是个大大方方的孩子，可接触下来却发现原来他是一个小心谨慎的孩子。这样的敏感性格很容易受到伤害，所以每次同他说话时都要仔细琢磨，语气柔和。这种孩子需要的首先是肯定和理解。

“为什么打弟弟呢？有什么理由吗？”

“我正在折彩纸，允浩过来把我的纸都撕了。”

“这样啊，因为允浩把你的彩纸撕掉了所以生气了啊！是挺生气的，不过就算生气也不能打弟弟。”

“知道了。”

在家时也一样，如果妈妈能够先表示出理解孩子内心的话，那么孩子就会愿意承认自己的错误。不过，当妈妈亲眼目睹孩子打弟弟的场面时，她一般都是激动地妄加批评。如此一来，孩子的心灵就会受到伤害，于是将积压在心头的不快再次发泄在弟弟身上，造成恶性循环。

“妈妈，艺珍的画画得很好。”

“别的小朋友不是也能画成那样吗？画画又不是什么才能，谁都能画。”

不知是不是经常从妈妈嘴里听到这样无视自己、打击自信心的话，性格固执的艺珍自尊心显著下滑。即使夸奖艺珍“画得很好啊”“知道谦让啦，做得好”时，她想要开心起来可表情依然是僵硬的。其他孩子在得到表扬时会表现得很开心并做出一些撒娇的行为，但是艺珍不论生气还是得到表扬时表情都一样，没有变化。她不是不喜欢得到表扬，而是无法毫不怀疑地接受这件事。

由于妈妈脱口而出的那些充满责备意味的话而给孩子心里留下抹不去的伤痕，这样的事比我们想象的要多。“你那是想干什么呀”“真像你爸，啧啧”“什么时候会做人啊”等，这种否定孩子的话千万不要说。最好在充分读懂了孩子的内心之后再说出像“打弟弟是不对的”这样涉及具体错误行为的话，同时应该详细告诉孩子要想不再受到批评应该怎么做，可以跟他说：“把你的彩纸分给弟弟一些吧，这样他就不会再撕你的纸了。”

二、 孩子就是孩子

批评责备孩子的时候，如果能考虑到以下三点再慎重地批评，就可以避免无意中给孩子造成的心灵伤害。

第一，正在批评的这件事是不是不批评也可以呢？

早晨在儿童之家门口迎接孩子们的时候，我一定会跟他们互相打招呼。平时一打招呼就害羞的范镇在这个时候总是扭扭捏捏，很勉强地打招呼。有一天，范镇的妈妈看到了这个场面，感到很郁闷，跟范镇说：“好好打招呼，再来一次。”一听这话，范镇马上低下了头。“再来一次。”妈妈又说了一遍。范镇的头更低了。可妈妈还是不满意，连续对范镇说了几遍“再来”“再来”“不对，再来”。最终，范镇眼看就要哭出来，只好和妈妈分开了。明明可以拍着孩子安慰说“下次会做得更好”，可妈妈还是给孩子的心灵造成了伤害。

第二，不同年龄段用不同的批评方式，这是因为对那些还不能理解为什么会受到批评的孩子来说，对他们进行批评有时只会产生反效果。

一般来说，对3岁以前的孩子不能强调规则。不管你说这样有多危险，有多脏，这个年龄段的孩子还是不能充分理解。走向正在加热的电熨斗，或者打开抽屉拿出危险的药或物品，或者爬上台阶，这些是任何一个2岁以下的孩子都会有的行为。如果这时候你对他们进行教育或者严厉批评是没有任何作用的，正确的做法是为孩子创造一个没有危险的安全环境。

3岁之后，孩子开始说一些“不喜欢”“不干”之类的话。也是从这个时候起，他们开始有了自我。在这个年龄段，比起批评责备，做出能够令他们明白的解释更好。比如说“这个烫”“危险，收起来吧”这样的话。

4岁之后，孩子不仅能听懂对方的话，还能把自己内心的想法传达给对方。不过，就算这样也很难期待他们能完全按照你说的去做，只不过在你跟他们说明情况后他们会放弃或者忍耐。这个时期的孩子会硬抢别人的东西，还常常犯倔，弄得大人筋疲力尽。这种时候，对于不能做的事情果断说“不行”，不过要注意不能做出令孩子失去耐心或者情绪爆发的事情。

5岁之后，孩子就知道遵守规则了。这段时期最重要的是，妈妈要告诉他们什么行为是对的，什么行为是错的，并且要反复向他们说明，让他们明白为什么那样做是错误的。

第三，很多时候，虽然某种行为没有给别人带来损害，但是由于妈妈不喜欢而遭到批评。

那些还不能熟练用筷子夹食物的孩子在吃饭的时候经常把周围搞得一团糟。一定会把饭粒粘到衣服上、桌子上或者地板上，到处都是掉下来的食物。平时干净利落的智敏妈妈不管孩子吃什么总是要在旁边忙着收拾残局，最后再训斥孩子。“我让你端着盘子吃了吧！你看看，地上全是面包屑。”“沾了汤的手怎么能往衣服上抹啊。”孩子在学习独立吃饭时有时会撒出来，有时还会弄得衣服上都是，这是正常的必经阶段。这个阶段，妈妈要在一定程度上接受孩子把周围弄得一团糟。但是，妈妈有时候会因为不合自己的意或者要求完美而批评孩子，这么一来孩子就有可能会变得缩手缩脚，担心饭撒出来而不去挑战用筷子吃饭。

妈妈也都是一心想把孩子带到正确的方向才去批评责备他们。但是，需要回头想一想的是，我们真的是为了孩子还是想要用自己的标准来判断、驯服孩子呢？特别是不要忘记孩子正在儿童之家或者幼儿园过着自己的“社会生活”。如果妈妈当着老师、同学或者其他人的面追究、指责孩子的话，会给他们的自尊心带来严重伤害并激起他们的反抗心理。当你想要批评孩子的时候，请再三考虑是否真的需要，是否真的是为了孩子好。请务必记住孩子还只是个孩子。

孩子初次离开妈妈怀抱的时机

好好确认孩子所要去的幼教机构的环境是十分重要的。

如果我们所有的妈妈都能或多或少地提出一些重要标准的话，教育机构也会很自然地接受这些标准并努力去按照这些标准加以改善。

民周的妈妈为了把孩子送到生态幼儿教育机构，离开了一直生活的金川，搬到了釜山，对民周来说这就算是“留学”了。有时候会为了学习英语把孩子送到国外进行早期留学，可说起把孩子送到生态幼儿教育机构去“留学”这件事大家还是很陌生的。不过听了民周妈妈的话之后才发现这样做的迫切原因。民周自出生起就患了一种罕见的难治之症，所以妈妈在他 4 岁的时候就搬到了釜山，让他开始了 4 年的生态幼儿教育机构生活。直到现在，民周妈妈都认为自己当年为了孩子做出离开故乡的决定是迄今为止做得最惬意的一件事。

> “如果我说我在金川只看了一个儿童之家就搬过来了，大家都会很惊讶，但是就算是要到更远的地方生活我还是会高兴地搬家的。完全不能想象民周曾经那么痛苦，现在却跳绳跳得很好，跑步也很好，真的变得健康快乐了。”

这不仅仅是民周妈妈一个人的故事，为了孩子而果断搬家的父母不在少数。这就意味着能够在一定程度上符合自己的教育观并同时具备良好资质的教育机构相对较少。一直生活在妈妈怀抱中的孩子到了必须去“教育机构”的时候，妈妈可能一想起要选择何种教育机构就感到头疼、不安。虽然也从网络上或者楼下游乐场上遇到的同龄的妈妈们那里得到了一些资料，但是由于不得要领，选择反而变得更难了。

一、 如何让孩子有一个幸福的幼儿期

实际上到目前为止，所谓办得好的幼儿园或者儿童之家都是用无纺布和彩色壁纸装饰出的“环境布置做得好的机构”。只要教会孩子背诵、使用文字和数字就可以得到所谓“最好的教育机构”这样的称号。老师也一样，授课计划编写得好、能让孩子集中精力的老师，教具做得好的老师，还有韵律操做得好的老师，不可否认，这样的老师就是现在人们心目中最好的老师。一直以来，我们的幼儿教育都标榜着“以孩子为中心”“以游戏为中心”“以生活为中心”，在一百多年来的坎坷道路上，为了能够符合大部分父母的要求，形成了一套“学习”和“细心控制下的游戏”的教育模式，我这么说一点儿也不夸张。

如果你到幼儿教育的现场去看看，比起游戏、生活和孩子，很多地方都是以作业、活动和老师为中心。教室的兴趣园地都被一些身体、语言、自然探索、艺术类相关的教材和教具占满了，几乎连喘息的地方都没有。同时，在教育机构的立场上，他们为了能够通过管理机关的评价，又不得不准备大量的教材和教具。

如果说现在的幼儿教育过程中有些地方得到了发展的话，那就是规定了在幼儿教育机构，每天的室外游戏时间一定要在 1 小

时以上。幼儿教育的政策专家们正在逐步认识到儿童在发育特征上对室外游戏有着迫切的需要。由此，父母的认识也开始有了飞跃式的提高。不久前，有一对从首尔来我们儿童之家参观的父母恳切地对我做了如下请求："我们孩子在首尔上的幼儿园也是以游戏为主，可这里的孩子真的看起来很幸福。孩子们真的是在玩儿。如果在首尔有这样的地方请一定要告诉我。"

为孩子选择幼儿教育机构不是一件容易的事，再加上现实中幼儿教育机构有很多问题正在浮现，要找出一个差不多的机构就变得很难，所以我们的选择要更加慎重。

二、 应该把孩子送到什么样的早教机构和幼儿园

把孩子送到什么样的幼儿教育机构好呢？把所有标准都算上的话多得数不胜数。而且，每对父母优先考虑的内容也不同，标准很难全面适用。所谓的客观标准是不存在的。不过，如果有人问我选择教育机构时需要考虑些什么的话，我会告诉他以下几点。

第一，观察孩子的散步和室外游戏的时间是否充足。作业越多，特别活动的花样越多，孩子越不幸福。每天的室外游戏和散步时间至少要在 1 小时以上，在这段时间里让孩子接触自然，和

别的小朋友一起玩耍。对幼儿期的孩子来说，游戏就是他们的生活，他们人生的全部。孩子需要做的事情就是好好玩，好好吃，好好睡，好好大小便。这是幼儿生活的基本和核心。如果这样的基础没有打好，那么以后的发育就好像盖在沙土上的城堡，不堪一击。为了打下牢固的基础，我们需要给孩子看看天空、踩踩大地的玩耍时间。

第二，确认有没有让孩子吃好。需要确认孩子的菜单是否是以蔬菜为主的时令产品和有机食品，是否给孩子吃了泡菜、大酱汤、凉拌菜等韩国传统饮食。如果能搞一些活动，让孩子自己种点儿蔬菜并且用他们种的菜来做着吃的话就更好了。还有，就是要下决心不给孩子吃加工食品和快餐类食品，并且这种决心要在孩子的菜单上得到确认。对待孩子的食物再仔细也不过分。环视一下厨房环境和做饭过程，最好能仔细确认一下用餐时孩子吃饭的样子。

第三，注意观察孩子、老师和父母的表情是否都很幸福。孩子尽情跑跳，父母舒服放松，老师作为主体也很快乐，这个时候就形成了最好的教育。当你观察幼儿教育机构的时候，如果孩子没有活力，精神不振作，老师的表情灰暗，感觉有点儿怯场的话，选择这样的机构就要慎重了。

第四，孩子的父母能够多多参与的机构更好。为了把孩子好好养大，仅靠教育机构的力量是不够的。父母参与到幼教现场的机会越多，孩子的成长就越充实。当然，对于父母来说，平时工作太忙，操心的事情也多，很难抽出时间，心理上会有负担。但是，正因为这样，更要抽出时间，选择那种能够引导父母抽出时间参与进来的机构很重要。那些能够让父母有很多机会可以参与进来，比如一日老师、志愿者、活动助手等，并且平时随时可以看到孩子生活情况的机构最好。

第五，确认幼教机构的环境和玩具是否自然、环保。目前为止，幼教机构的环境大同小异，建筑都是原色，室内墙壁都是用无纺布和彩色壁纸组成，教材、教具装满了兴趣区域和教室。而且，现在人们还倾向于相信教室内有电视和电脑才叫教育环境。但是，孩子们真正需要的是一种自然、环保的环境。教室要自然，让孩子们像在家里一样过得舒服。教材、教具要尽量简单，让孩子能一边提出创意一边玩耍。因为孩子们一天中的大部分时间都在儿童之家或者幼儿园度过，我们最需要考虑的就是这些机构的采光和通风如何。

第六，了解园长的教育理念。访问幼教机构时，要跟园长进行较长时间的谈话，这点很重要。只有这样才能大致了解园长的教育理念。如果园长深深认识到幼儿教育的责任就是要使我们的宝贝充满活力，并且相信教育就是要以质朴而深邃的养育智慧为基础，那么我们就可以放心地把孩子托付给他们了。

第七，观察机构里面是否有室外活动场地和可种菜或水果的园地，并且观察这些地方是否能够得到灵活运用。如果幼教机构能够让孩子们进行充分的室外活动，而且同时具备室外活动场地和园地的话，那么这就是个能够认识到孩子的本能就是希望到室外去，应该尽可能地让孩子接触大自然的幼教机构。真正重要的是，我们要观察孩子实际的室外活动时间有多少以及大致的活动内容，再根据这些来总体判断一下孩子的大致生活是否是生态环保的。

除上述之外，还有一些虽然微小但也希望父母细心观察的事情。近来幼儿园园服变得色彩斑斓，可有一部分衣服的质量并不好，布料的吸汗性能比较差。现在的园服设计怎么看都好像没有让爱动的孩子变得自由反而把他们束缚住了，所以园服一定要看它的布料和设计是否舒服。另外，如果机构有为了提高孩子的免疫力和自愈力经常让孩子用盐水漱口或者经常做肢体动作游戏的话就更好了。

三、 妈妈的权利和义务

家庭环境固然重要，但是由于孩子在幼教机构待的时间比在家里还长，所以我们需要细心确认幼教机构的环境。这是一件奇怪或者特别的事吗？孩子是初次离家来到幼教机构，我们对各种事情进行确认是理所当然的。作为妈妈来说，可能会担心调查得太仔细会让老师不喜欢孩子，但是对孩子要上的机构环境进行调查这件事是很重要的。如果有不足那就请机构进行改进。如果我们所有的妈妈都能或多或少地提出一些重要标准的话，教育机构也会很自然地接受这些标准并努力去按照这些标准加以改善。我殷切希望我们的孩子能幸福地度过幼儿时期。

为了正确地培养孩子，就像父母谨慎细致地选择幼教机构一样，对于父母来说也有不同的责任。

四、早教机构、幼儿园能给予妈妈什么

第一，父母要知道自己才是孩子教育的主要责任人。

在新生的入学教育活动中我总是说这样一段话：“儿童之家不可能负责孩子教育的全部，父母才是孩子教育的主要责任人，儿童之家仅仅是在旁边起到辅助的作用。”

想把培养孩子这件事转交给幼教机构的父母正在增加。自己没有时间考虑育儿理念和方法，希望幼教机构能够全面接管孩子的培养。

父母不能忘记培养孩子的主要责任在自己。孩子在幼教机构生活的一段时间是对父母育儿的辅助和补充。甚至于，就算孩子24小时生活在幼儿园，可能够令孩子发生改变的力量主要还是在父母身上。即使孩子在家里和儿童之家的生活时间完全相同，也是家对孩子的影响更大。

第二，可能和前面内容的脉络相同，就是说，即使在幼教机构已经完成的教育，我们在家的时候也要努力让它继续下去。

举个例子，在幼儿园的时候教育孩子不要吃快餐和加工食品，如果我们周末带孩子去吃汉堡或者比萨的话，那么只会削弱幼儿园的教育成果，孩子长大了也会离不开这类食物。同样地，虽然我们把孩子送到以游戏玩耍为教育重点的机构，但在家时又让孩子学习或者把孩子送到各种培训班的话，实在是没有充分的理由。在幼教机构进行的各种教育回到家之后也要继续贯彻执行，以帮助孩子更好地成长。

第三，把孩子送到我们慎重选择的幼教机构之后就要相信并且遵循该机构的教育。

这就需要父母和机构之间能够进行有效的沟通。如果父母和机构的关系只是“甲方”和“乙方”的话是不行的，如果是监视与被监视的关系就更加不恰当了。在一定意义上说，父母与机构之间的合作程度关系到育儿的成败。父母与机构的和谐与共存是可以使孩子飞翔的一对翅膀。父母对幼教机构的信任是从微小的关怀照顾开始的。不管是多么难管的孩子，如果妈妈能对老师说一句类似“老师，照顾我们家孩子特别累吧？如果他胡闹就狠狠地批评他”这样的话，老师马上就会觉得心里暖暖的，并且会明白“这个孩子得更细心地照顾啊”。有些父母用一种监视的眼神来窥视机构的工作，好像在说“有没有什么做得不好的呢”。在这种父母面前，老师是不会开心的，而且老师这种不好的心情也会传递给孩子。我想告诉家长，我们要知道去关心老师，让老师开心地工作。

第二章 喜欢玩才是孩子的天性

> 妈妈膝盖上的学校 >>

人生最应该尽情游戏玩耍的时期是幼儿时期。当孩子在大自然中、在游戏中尽情玩耍的时候，他的各种感官能力得到了很好的发展。因此，父母要给孩子足够的时间和同龄人一起到大自然里玩耍。请相信，玩耍既能让孩子充满活力，也能让孩子更好地成长。

孩子的权利中最重要的就是玩耍的权利，我们不去理会孩子玩耍的权利是不行的。对于孩子来说玩耍就是他们的生活，而且这种生活在“室外”。瑞典的《动物福利法》中规定以狗或者牛为主的家畜每天也要有一定的时间在户外生活。可见，他们连动物的福利都想得很周到。

孩子本能地喜欢室外，在他刚能竖起脖子时带他到室外转一圈回来的话，他马上就哭着想再出去。如果你问儿童之家的孩子“想出去玩还是想在教室里玩”，十个里面有九个都会回答“想出去玩”。每当老师说“孩子们，出去玩吧”的时候，总有孩子欢呼道：“哇，太棒了！”“哦耶！”孩子们就是那样地喜欢室外。

很多父母的周末完全奉献给了孩子。带孩子去兜风，为了让孩子获得新的经历和体验，父母在周末之前就开始在网上疯狂地搜索游乐园、体验馆、博物馆、木偶剧、音乐剧等各种节目。但是，父母花了那么多心思孩子就高兴了吗？答案是“不一定”。当然了，这样比起闷在家里要好得多，特殊的经历会给孩子带来好的刺激，不过孩子想出去玩的时候是想去那种开阔的地方尽情地玩耍。当孩子在大自然中、在游戏中尽情玩耍的时候，他的各种感官能力得到了很好的发展。

带孩子出去吧，去公园，去树林。让孩子吃干净天然的小食品，给他足够的时间和同龄人一起到大自然里玩耍吧。天与地、风的触感、泥土的芬芳、昆虫、不知名的小花，这些都能唤醒孩子的感觉，并且教给他人类生存的智慧。看到那些一直在玩的孩子不要感到不安，请相信玩耍也能带来力量，玩耍也能让孩子成长。

第一节 游戏是任何事情都无法取代的

在人生中最应该尽情玩耍的幼儿时期，比起游戏，很多大人更愿意先把孩子引向抽象的书本世界。

强调读书的重要性使得很多母亲在孩子幼儿期时就开始让他们读书，因为她们相信通过读书可以激发孩子的想象力、创造力和认知能力等，有了读书这个底子，在有意无意中也会提高学习能力。对于父母的这种望子成龙的心态我非常理解，但是幼儿期过度读书反而有可能起到反效果。没错，有些孩子通过读书是长了知识，但是却不知道如何同朋友们相处得更和谐。甚至于，在阅读天才中还有一些有自闭症倾向的孩子，这样的孩子无法理解别人的感情，整日面无表情地喃喃自语，而且说的都是一些毫无意义的话。

一、过度成长会使孩子变得早熟

镇浩是一个语言组织能力和理解力都高于同龄人的6岁小朋友，从他的日常生活可以看出，过去一定经常被人夸奖，比如“这个孩子真聪明啊”“知道的真多啊”。他看的书涵盖各方面，以图鉴、百科全书类为主，人送外号“读书王”。但是，不知从何时起，在镇浩的语言和动作中再也感觉不到他孩子的一面，看着镇浩，我心底的某个角落开始变得不安。他会对着常常在一起玩的朋友喊：“喂，你连这个也不知道吗？”“喂，傻子，不是那样的……”给朋友带来心灵上的伤害，弄哭朋友成了家常便饭。

有一次，班里新来了一位实习老师，班主任对大家介绍说：“今天我们班里来了一位漂亮的实习老师，她将和我们一起度过一个月的时间，下面我来给大家介绍一下。”话音刚落，镇浩来了一句：“漂亮什么呀，一点儿都不好看。”这一下弄得班主任和实习老师非常尴尬。

还有一次，趁低年级小朋友休息的时候老师带着镇浩他们大扫除，这期间发生了下面这样一段对话：

> “孩子们，其他小朋友在睡午觉，我们要像小蚂蚁一样静悄悄地，一边聊天一边打扫怎么样？”
>
> “好，当然应该像小蚂蚁一样悄悄地小声聊天了，呵呵呵！”

这时，镇浩又说了一句话：

> “蚂蚁是不会聊天的。它们通过触角发出一种信息素进行交流。蚂蚁不聊天。”

听了这句话，老师就不用说了，孩子们都觉得很不舒服，留下了不愉快的记忆。看着镇浩，会觉得这个孩子成长得有点儿过头，略显早熟，这样导致了他平时一举一动都不像小孩子。“问题到底出在哪儿呢”，带着这样的疑问，我开始更加认真地观察镇浩的日常生活。

到了6岁左右，男孩子应该慢慢开始跟其他男孩子一起玩，镇浩却总是跟女孩子一起玩，特别是跟一些语言能力发达的小女孩更亲近。老师问：“镇浩啊，你为什么不跟其他男生一起玩呢？”他回答：“没意思。”跟那些整天只知道追跑打闹的男孩子相比，他觉得跟安静的女孩子更能玩到一块儿，更有意思。大部分时候，镇浩都喜欢抢先，还爱干涉和指挥别人，唯独在跑步和跳绳时不这样，跑着跑着就不跑了，跳着跳着就不跳了，这种情况经常发生。

毕业于我们早教机构的柳浩也是一个读书很多、知识丰富的小男孩，可以说是一个“读书控”，就是在妈妈开车送他来上学的路上也手不释卷。孩子喜欢看书，妈妈自然就会给他买更多的书，这样一来孩子也会更加沉迷于书的世界，长此以往，柳浩和同龄孩子之间产生了巨大差异——他可以流畅地背出化学元素周期表，汉字和英文也几乎没有不认识的。看到蝴蝶，他会问：“老师，我摸过蝴蝶的翅膀，手上会沾上粉末，这个粉末的成分是什么呢？”其他的孩子都在树林里跑着玩耍，柳浩却看着流水，告诉我：“水是由氧和氢两种元素组成的，叫 H_2O。”他所掌握的知识甚至超过了老师。

柳浩知识丰富，但是和其他小朋友一起的时候总是显得很着急。不知道怎么和小朋友一起玩，怎么谦让，怎么打闹，怎么和解，这样很难交到朋友。而且，他平时只知道坐在那里看书，灵活性、敏捷性都落后于其他人很多。

我给了柳浩的妈妈以下忠告：“白天的时候一定要让他玩，

剩下的时间让他看自己喜欢的书。”在这之后的一段时间，柳浩在和其他小朋友一起玩的时候还是有点儿放不开，散步稍远一点儿就会感到疲劳。但是慢慢到了7岁，柳浩渐渐体会到了交朋友的好处，他每天都在发生着变化，到了毕业的时候，柳浩已经成为一个健康向上、会玩会学、知识面又广的好孩子。

二、 幼儿期是最应该尽情玩耍的时期

有一个现象很令人着急，在人生中最应该尽情玩耍的幼儿时期，比起游戏，很多大人更愿意先把孩子引向抽象的书本世界。一般来说，孩子在玩耍过程中对整个世界会有一个详细、充分的体验，在这之后才应该去感受抽象世界。孩子的成长都是按照顺序来的，有些东西是一定要优先进行的。当然，书籍可以丰富生活这个没有错，但要在应该读书的年纪再读书，按照成长顺序来。首先，孩子要在玩耍的同时交朋友，认识大自然，认识我们这个世界，只有当他通过游戏了解了怎么同别人相处，各种感官能力获得充分的发展的时候，才能更好地接受文字组成的抽象世界，生理和心理才能做好接受书籍世界的准备。

玩耍游戏的位置是书籍绝对无法取代的，我们是不是也应该回过头来看一看呢？我们是不是也认为应该多读书，所以把孩子

的游戏时间都变成了读书时间呢？恨不得拉着孩子的手天天去书店呢？我们应该把这种心情放在孩子玩耍上面，看着他们尽情游戏，陪着他们一起疯玩。千万不要忘记，幼儿期是人生中最美丽、最需要尽情玩耍的时期。只有尽情玩耍，孩子才能真正像小孩子一样有生气，才能获得在这个现实世界上生活下去的力量。

孩子成长也有顺序

孩子最初的老师就是自己的手、脚和眼睛。

最先发育的是身体感官，接下来才是大脑思维的发育。

“英语很重要不是事实吗？我不想让我的孩子像我一样因为英语受罪。所以在他 4 岁的时候我就把他送到英语幼儿园了。那个幼儿园从上午 10 点到下午 4 点都是用英语授课。窄窄的教室里挤了 12 个孩子，一整天都在上课，想到这些我心里也会有点儿放不下，但是看到墙上贴的‘NO SPEAK IN KOREAN’的句子时这种心情就没有了。我想到孩子流利说英语的样子马上就满足了。我觉得作为妈妈来说，现在做得挺好的。”

6岁京勋的妈妈来找我商量入学的事，从她进园长室起我就感觉到她好像被负罪感包围着。我们两个是初次见面，她对我说由于自己的欲望搞得孩子好像有些不对头，话语中带着一丝后悔。

“不知道从什么时候起孩子开始渐渐变得奇怪。我或者他爸跟他说话，他听两句就用‘知道了’‘不想听’这些话来打断我们，有时候吃饭时没有他喜欢的菜，他就会拿勺子打我。如果我问他‘今天在幼儿园学什么单词了’，他马上就表现得很不耐烦，说：‘不知道！’细看一下，他的眼神好像也变得没有生气了。开始我们也搞不懂这孩子为什么这样，后来觉得是不是跟英语幼儿园有关系呢？听说英语幼儿园每天主要是在教室里上课，教室里装满教学用具和玩具，别说尽情地跑了，因为担心把老师昂贵的教具弄坏，连尽情玩都不行。墙上、地上到处都写着英文单词，视线一转就要背那些字母表，孩子的压力得有多大啊。如果孩子说了韩国语，老师的表情马上就会变得严肃，孩子得多辛苦啊。让那些连母语都没说利索的孩子说英语……”

说完这些话，京勋妈妈的眼中泛起了泪光。也不知道是否了解妈妈的心思，坐在妈妈身边的京勋一直噘着嘴左看看右看看。京勋妈妈在和我聊天的过程中，眼中一直带着歉意，她抚摸京勋的头和后背，用嘴去亲他的手背，但是京勋不知是不是很反感妈妈的动作，不停地挪动身体，表现得很不耐烦。

"京勋吃过早餐了吗？吃的什么呀？"

"……"

"京勋穿蓝色的衣服很好看啊！你喜欢什么颜色呢？"

"……"

"京勋啊，老师房间里的书多吧？你的房间里什么东西多呢？"

"……"

"京勋，你喜欢玩什么？个子这么高一定很擅长跑步吧？还是喜欢唱歌呢？"

"哎呀，不知道！我要回家！"

无论你问什么都面无表情爱搭不理的京勋突然气急败坏地喊了起来，惊慌失措的妈妈怎么安抚也没用，他就是不停地跺脚、大叫。看着背负着重压的孩子，我的心很痛。

一、 0~6 岁，孩子应该学点儿什么

和京勋妈妈的谈话结束后，我把京勋安排进了 6 岁班。不出所料，开学第一天，京勋对儿童之家表现得特别陌生。其他小朋友过来问他叫什么名字、住在哪里，他都不好好地回答，只是用一种戒备的眼神瞪着对方。老师问他话的时候也一样。在游乐场的时候他也是一边看着别的孩子玩，一边用自己的脚后跟玩沙子。老师开始的时候觉得他可能就是太认生，后来在加餐的时候才明白其中的原因。老师问他“食物好吃吗”，京勋用蚂蚁一样的声音回答道：“Yes, teacher.”经过了解，原来以前在英语幼儿园时因为说韩国语被批评过，所以现在不那么容易开口。

幸运的是，随着时间一天天地过去，京勋慢慢变得开朗，主动和朋友或者老师说话的次数也变多了。不是因为他性格内向，而是他有话想说的时候脑子里冒出的全是英文，所以在那段时间里无法安心张口说话。又过了没多久，京勋就可以和和气气地面对老师，也可以和朋友们亲密相处了。

根据著名教育家夸美纽斯的理念，0~6 岁的孩子应该在“妈妈膝盖上的学校”学习，比起外语，6~12 岁首先应该接受母语教育，12~18 岁才应该用外语接触各领域知识。由于时代的发展变

化，现在小学就普及了外语教育。但是夸美纽斯的理念是 0~6 岁索性不接受系统教育更好，对照这点来看，让这个年龄段的孩子接受外语教育应该要经过深思熟虑，因为给一个连母语都说不利索的孩子灌输外语是完全不符合自然规律的教育。

现在，韩国有 80%~90% 的幼儿都在民办教育机构接受英语教育。这种现象产生的原因是什么呢？哪怕早学一天，孩子的英语能力都会得到提高，父母们都有这样的想法，再加上一些商业目的，两者相融合就形成了这样一种现象。可是，早期英语教育正在出现很多的问题，产生语言障碍或者心理上产生压力的孩子越来越多。过度的英语教育带来了压力，这种压力造成由于脱发、语言迟滞等症状而来医院精神科看病的孩子日益增加。还因为过度的英语视听而产生了一种新的精神疾病症状——“视频终端综合征”。

也就在 20 年前，韩国小学教材里面根本就没有英语这一科，难道我们不应该再反复琢磨一下当时出现这种现象的原因吗？还有，虽然不是所有英语幼儿园都那样做，但是大部分英语幼儿园的教学方式都是只用英语，不用韩国语，这样做的后果就是造成孩子连自己的意思都无法放心地表达出来，那么这样的英语幼儿园果真能够成为一个好的幼儿教育机构吗？我有些怀疑。

京勋这样的孩子正在逐渐增多。最先浮现在脑海的就是从 5

岁起一周要上 8 个课外辅导班的正焕。正焕在 3 年多的时间里学习了英语、演讲、钢琴、美术、跆拳道、篮球等同龄孩子能学的大部分内容。正焕第一次来儿童之家参观的时候状态看上去真的很不好。在谈话期间，他在地板上趴着趴着突然站起来，一会儿咬手指甲，一会儿又把腿使劲晃来晃去，一会儿又看看墙看看天花板，表现得十分不安。虽说不安，可是他也没有紧紧抓着妈妈的手或者藏在妈妈身后，好像无法专注于任何事情。

> "没想到课外辅导班会给孩子带来这么大的压力。又不是学习，只是让他多学点儿才艺。都说才艺方面的兴趣在小时候最容易得到培养，那我就觉得在孩子上学之前赶紧让他学一下，所以才让他上那么多辅导班的……"

幸好正焕妈妈正确地认识到了正焕是因为太多的课外辅导才承受了这么大的压力。一周后，正焕进入了我们儿童之家。可是，大概是因为太长时间生活在压力中，在老师的关心和照顾下正焕的状态也没有明显好转，只是和对方对视的时间有所增加。后来听他妈妈说，正焕上小学后，只要一到上学时间他就说头疼或者肚子疼，出现没有原因的眨眼、鼻子抽动等抽动障碍症状。

秀贤是在所谓"名牌儿童之家"上到 5 岁又转到我们儿童之

家的，刚开始他总是感到不安，甚至 1 小时能去 5 次洗手间。发起脾气来就往小朋友身上扔土或者把吃饭的盘子打翻，甚至于一个 5 岁的孩子就出现了掉发现象，并因此接受过精神科的治疗。

我在成为幼儿教育专家之前也曾是一个养育了两个儿子的妈妈，所以我充分理解那些希望自己孩子能比别人家孩子更早认字，比别人家孩子英语发音更好的妈妈的心情。但是，7 岁之前的早期幼儿教育不要说让孩子变得聪明了，更有可能带来想象不到的副作用。

二、 幼儿期的感官体验和游戏有利于孩子的成长和发展

孩子的成长发育是有顺序的。很多幼儿教育学者都认为幼儿期的感官体验很重要。意思就是最适合幼儿期孩子发育水平的是直接用身体进行的体验。因为最先发育的是身体感官，接下来才是大脑思维的发育。

孩子最初的老师就是自己的手、脚和眼睛。进入到孩子精神世界的所有信息都是通过感官这道门进入的，所以，在一定意义上说，没有通过直接的体验而是通过间接传达接收到的知识是没有意义的。如果不考虑这样的发育顺序，在感官发育时期教孩子认识数字、文字的话，结果不仅会造成以感觉能力为主的思考能

力发育不完整，还会给孩子留下一定的后遗症。换言之，如果在幼儿期让孩子过度学习的话，会给神经系统中的压力调节部分带来损伤，甚至会导致免疫力和记忆力下降等问题。

对孩子来说，玩就是他们的工作，他们的工作就是玩。我们要给孩子足够的时间尽情快乐地去玩，3 岁要有 3 岁的样子，4 岁要有 4 岁的样子，5 岁要有 5 岁的样子。我们要让孩子一边自由自在地玩耍，一边帮助他们准备好学习的基础。

敏珠在我们儿童之家从 4 岁上到 8 岁，她的妈妈说："我刚开始也有点儿不安，但是抱着相信老师、试试看的心情每次都让孩子玩得尽兴。敏珠上小学之后一点儿问题也没有，学校生活适应得很好。看着孩子这样，我感到很满足。"东贤在我们儿童之家毕业时获得了"植物博士"学位，在上小学后的那个教师节，他和妈妈一起来到了儿童之家，说了一句让老师们震惊的话。

"老师，我觉得树林中大树之间吹来的风的声音是世界上最好听的声音。"

在无数孩子都沉迷于游戏和手机的这个年代，一个小学生能够有这样的情感是非常值得称赞的。为了孩子的教育不正是要达到这样的目的吗？

超级简单的育儿，截然相反的两种结果

妈妈的双手会长时间存在于孩子的脑海里。

请给孩子把头发梳理整齐，轻轻地抚摸孩子的脸颊，紧紧把孩子抱入怀中吧。

所谓的感官世界是什么呢？感官机能是孩子成长过程中最先完成发育的机能。视觉和听觉在幼儿初期已经发育完成，甚至有证据表明在胎儿状态时听觉就已经发育，所以我们应该在孩子在妈妈肚子里时就开始进行胎教。孩子与生俱来的感官机能在积累若干经验和知识的同时才能进入成人所感知的正常的、安稳的世界。这么说来，我们怎样做才能使孩子的感官机能发育完全呢？

一、电子产品对孩子的负面影响

6 岁的仁英一来到儿童之家就总是呆呆地一个人站着。她不能很好地加入到朋友的游戏中，总是一个人面无表情地在教室里晃荡，早晨聚会时也不能很好地发言。老师讲话时她无法集中精神，也不能直视老师的目光。对于始终没有反应、没有表情的仁英，老师很担心，于是和仁英的妈妈进行了谈话。

在来到我们儿童之家之前，妈妈白天上班后仁英都是由保姆来照顾，听说保姆总是让孩子看电视。不知是不是因为这样，仁英上儿童之家之后回家的第一件事也是拿起遥控器打开电视机，甚至于妈妈下班回来之后她仍然沉浸在电视中。如果妈妈关掉电视，拿来玩具让她一起玩的话，仁英就会很不耐烦，还会把玩具扔出去。妈妈听老师说了仁英在儿童之家的表现之后表情变得很凝重，一边说“怎样才能让仁英变好呢”，一边流下了眼泪。

电视、电脑、智能手机已经成为现代孩子生活的一部分。韩国未来创造科学部和韩国信息化振兴院针对互联网成瘾情况在 2013 年做过一次实况调查，调查结果显示，韩国 5~9 岁儿童的互联网成瘾率达到 7. 3%，高于成人的 6%，出现这种结果是谁的责任呢？

不知从何时起，智能手机成为让孩子安静下来的万能育儿利器。孩子外出时，父母先往手机里下载几部孩子喜欢的动画片，然后把手机放到儿童推车的置物架上，剩下的只需要准备好水和食品，那么比起在任何游乐场玩父母要省心得多。但是，电视、电脑、智能手机这类影像设备可以说是一把双刃剑，在育儿变得简单的同时给孩子带来的不利影响是深远的，最大的影响就是对孩子的发育有害。韩国游戏媒体教育中心的所长权章熙（音译）对视频媒体的弊端做了如下说明。

第一，在前额叶的综合思考功能没有完全发育之前，如果过多地反复接受强烈的视觉刺激，那么会造成负责影像刺激处理的枕叶神经网部分发生印刻现象。如果孩子的脑海里印刻了一些特定图像，那么他就容易对这些图像变得沉迷。孩子在家非要看动画片不可这件事就可以说是这种印刻现象的结果。

第二，智力发育低下。根据韩国圣母医院金泰镇（音译）教授的报告，从小就总是看视频的孩子跟不经常看的孩子相比智力发育落后。两者相比，前者比后者理解力低15%，语言能力低11%，前者的数学能力也明显不如后者。我们都期待孩子学习时也能像他们用手机看视频时那样集中精神，但是由于场面转换太快，大脑的信息处理速度根本无法跟上，反而造成孩子的注意力下降。还有结果表明，总是埋头于视频中的话，前额叶的发育会变得低下，比起平时爱看书的孩子，热衷于视频的孩子的思考能力、推理能力、表现能力更是要低一大截。也就是说，能够带来强烈视觉和听觉刺激的各种影像媒体会给大脑发育未完全的孩子带来伤害。

不仅如此，如果经常受到影像刺激的话，会导致负责调节抑制冲动的前额叶发挥不出自己的功能，出现严重的调节障碍和注意力缺陷症状。一个经常玩手机的孩子，他的脑波在前额叶部分高β波会增加，无法理性地遏制冲动，可能会出现失控状态。这种脑波和患有注意力缺陷障碍（ADHD）的孩子的脑波是类似的。

如果观察儿童之家的孩子们也会感知到这样的症状。在家经常接触电视、电脑、手机的孩子干什么都很冲动，喜欢大喊大叫，很轻易就向别人伸拳头。虽然这些孩子在各种影像媒体面前都表现得很温柔，但是实际生活中和朋友一起玩时却经常表现得冲动，具有攻击性。

第三，如果孩子经常面对手机中的游戏和视频，就有可能成为“爆米花大脑”，即虽然对强烈、快速的刺激有反应，但是对现实中缓慢、微弱的刺激却没有反应。所以，专家们提出，在孩子2岁前不要给他们接触会给专注力和智力带来不良影响的手机，父母也要在孩子面前自我约束。

二、 孩子的感知力在大自然和妈妈的怀抱中放射光芒

幼儿期的孩子应该生活在感官世界中，通过活动全身来实实在在地感受。通过触摸各种事物增强触觉感受，并且用图画或者动作把它们表现出来是很重要的。分辨各种味道和气味的经历，竖起耳朵领悟声音的秩序，用身体来表现出眼睛所看到的，这些真的很重要。父母要让正处于大脑发育期孩子的五官得到平均使用。只有这样，才能让连接神经细胞的（神经元）突触得到充分刺激，从而形成精巧的神经网络，最终使孩子的智力变得发达。影像媒体仅能过度地刺激视觉和听觉，对五感的平均发育是没有作用的。

那么，孩子应该生活的感觉世界是什么呢？这个世界正是我们的大自然。孩子在大自然中尽情玩耍的时候，他们的五大感觉器官会得到良好的发育。孩子在自然中得到各种感觉，这些感觉在自然中发出光彩。大自然向孩子的感觉敞开了大门，孩子在天地之间玩耍的同时获得了看、听、摸、尝、闻的自由。这时，凉爽的风、地上的土、石头、昆虫、动物和植物都成为孩子最好的玩具。

妈妈的怀抱也是孩子应该生活的感觉世界。皮肤被称为第二

大脑。妈妈会抱孩子，抚摸孩子，亲吻孩子以及和孩子一起玩闹打滚儿，在这个过程中孩子的感觉会有惊人的发展。除了妈妈外，还有谁能与孩子有这样的肢体接触呢？与此同时，在妈妈和孩子玩闹打滚儿的互动过程中，妈妈的爱也可以很好地传递给孩子。回想一下小时候，我们深深感受到母爱的那一刻吧。你是不是想起了在睡梦中惊醒时温柔抚摸你后背的那只手，还有一起在胡同中走路时紧紧抓住你的手的那只手呢？妈妈的双手会长时间存在于孩子的脑海里。请给孩子把头发梳理整齐，轻轻地抚摸孩子的脸颊，紧紧把孩子抱入怀中吧。孩子在通过自己的五官感受到母爱的同时，噌噌地成长起来。

第四节

真正沉浸于游戏中的孩子

当孩子正在做他喜欢的游戏时，他的专注力有时超出我们的想象。

做完自己喜欢的游戏，孩子的表情是安稳的、严肃的。

所谓专注力就是聚集起来浓缩在一个地方的力。一般来说，学习的时候都需要专注力。如果专注力低，那么就无法持续学习某一个课题，学习成绩当然也就不可能好了。

幼儿时期专注力的培养，大部分人采取的方法都是让孩子看书或者安排一些安静坐着就可以进行的活动。可是这样做的时候孩子怎么样呢？我们很难见到孩子能长时间安静地坐着看书。孩子真正的专注力只有在他做自己希望的“真的游戏”时才能表现出来。对孩子来说，“真的游戏”就是在室外进行的游戏。孩子在室外游乐场所可以发挥出相当大的专注力。当孩子投入到游戏中时，他有时甚至连老师叫自己的声音都听不见。

一、 注意力分散的孩子变得精力集中

艺珍刚吃完加餐就跑出去玩了。她拿着一个圆圆的筛子一边往沙地跑一边说：“今天我要做一个蛋糕。”说完之后，她就在那里筛沙子筛了好一会儿。她这是为了用细沙做蛋糕。筛好沙子之后，艺珍又拿了一个空碗跑到水管那里接了一碗水，之后开始和沙泥。沙泥和好之后，她把沙泥放到一个已经不用的烤盘上开始做蛋糕。最后还在烤好的蛋糕上面摆放了从附近捡回来的树叶和花瓣。全部完成之后她大喊：“老师，蛋糕做好了！”随后她接着问：“老师，你几岁？6 岁了吗？”一边问老师，一边给老师准备生日宴。这个时候，艺珍的表情是严肃的、认真的。时间指向了 12 点，2 小时对孩子来说是很长的一段时间。在这漫长的时间里，艺珍玩得完全处于忘我的状态，这就是因为她发挥出了相当大的专注力。在幼教机构，有的人经常以儿童的专注力不足为理由把活动的时间段做出很短的划分。但是我们可以看到，只要是孩子

真正喜欢的游戏，不管几小时他们都能专注于这个游戏。

成洙是个性格散漫、具有攻击性的孩子，每天在教室里都会被老师点名好几次。“老师，成洙打我”“老师，成洙抢我的彩纸”……成洙精力过盛反而给他造成了负担，由于他玩起来太过活跃，所以经常和其他小朋友起冲突。对成洙来说，在教室里听课和做的其他活动都很没意思，于是他就开始欺负同学或者做出一些攻击性的行为。不过，一旦来到小树林，成洙马上就变成了另外一个小孩。他在树林里面最喜欢做的就是拿着锯子和锤子玩。

“老师，请把锤子给我。”

“拿锤子想做什么呢？”

“想做一个上次爸爸们做的那种好像棚子一样的东西。”

几天前，幼儿园把爸爸们集中起来给孩子们搭了一个棚子，成洙就是想做这个。老师刚把锤子递给他，他就开始到处寻找适合搭棚子的小树枝了。成洙找来一些细长的树枝，把它们集中到一起，然后开始用锤子一下下地把树枝往土地里敲。可能是不太好敲进去，他反复试验了好多次。成洙从10点半左右开始搭，一直到了午饭时间 12 点还没有结束。

成洙玩得太投入，以至于老师叫他吃饭他都听不到，在老师又叫了他一次之后他才听到，可一吃完饭就又投入到搭棚子的游戏中了。成洙把树枝都敲进土地之后用绳子把树枝上半部分扎起来，这样棚子就搭好了。他的脸上挂满了汗水。大概是棚子搭好了心情好，这个时候成洙的脸上浮现出笑容。当成洙完成这一切的时候已经是下午 2 点了。

“老师，我搭的棚子不错吧？”
“嗯，你的这个棚子太棒了，老师都想进去看看了。”

老师的称赞让成洙喜出望外。成洙在 4 小时的时间里全身心地投入到一个游戏中，这样的成洙能说是一个没有专注力的孩子吗？

二、 游戏让孩子充满活力和能量

当孩子正在做他喜欢的游戏时，他的专注力有时超出我们的想象。做完自己喜欢的游戏，孩子的表情是安稳的、严肃的。而且，在外面游戏时展现出超长专注力的孩子回到教室后也能保持专注力。这是因为能量释放后的安宁可以带来再次专注的力量。在外面玩得尽兴之后，孩子回到室内可以安静地看书、画画，或者做一些手工。不过，那些一整天都在教室里按照老师指示活动的孩子就会显得忙忙活活，没有专注力。这是因为他们没有机会释放能量，无法做自己喜欢的游戏，感到没有意思。

那么，孩子在专心致志玩耍的时候，他们的大脑里面会发生什么变化呢？孩子的大脑是如何发育的呢？请看韩国脑医学权威徐维宪院长是如何说的。

大脑分为三大部分，即生命的大脑（本能）、感情的大脑（情绪欲求）和知识的大脑（教育）。这三部分会在适当的时间按照顺序发育。因此，只有在适当的时间给予孩子适当的教育，孩子的大脑才能得到正常发育。重要的是，我们不可以人为地去缩短大脑的发育进程。但是，韩国的很多父母无视这一点，一定要从小就向孩子灌输知识，于是问题就产生了。特别是有的人认为孩子只要学习好就行的想法会造成对孩子感情的大脑的无视。如果应该比教育先行的情绪欲求无法得到满足，那么就会增加孩子患上 ADHD、抑郁症的概率，也会增加孩子的暴力倾向。

0~3 岁是感情的大脑的发育时期，这段时期应该去刺激这部分大脑，使之得到最完全的发育。如果在婴幼儿时期就以学习为先，那么就会给感情的大脑的发育造成障碍，使孩子成人后的人际关系出现问题。所以，在 0~3 岁这段时期内，比起学习，更应该让孩子到处走走，让他亲眼去看、亲耳去听、亲手去摸。

3~6 岁是脑前额叶发育期，这段时间孩子会产生专注力和情绪调控力。这个时期父母强加给孩子的各种课外活动并不能有效地提高专注力和情绪调控力，只有让孩子自己选择他喜欢做的事情才能令他产生积极性，有了积极性，那么等他踏入校门之后也会知道如何做并且能够做好。这段时期必须要让孩子养成持之以恒的习惯，只有这样他在学习时才不会轻易放弃。可以说，这个时期不是要教授孩子认识些什么，而是要教授孩子养成某种态度。在态度养成方面，没有什么比游戏、玩耍更好的方式了。这是因为，这个年龄段的孩子最专注的事情就是自己喜欢的游戏。

孩子是充满活力的群体，所以需要不间断地活动。如果孩子和摔跤选手一起玩的话，孩子可能会赢得比赛。因为摔跤选手虽然有很大的力气，但是如果让他不停活动的话，可能会比小孩子先摔倒。如果能让孩子的能量得到充分释放，那么孩子自然就会产生专注力了。我们在培养孩子对游戏的专注力的同时孩子也在长大，这种对游戏的专注力将来就会成为他学习的力量。

第五节

没有玩具的日子

请等待孩子的游戏变成熟吧。

哪怕1小时、2小时，他们都可以流着汗水专注于游戏中，根本不会产生厌倦，现在孩子最需要的仅此而已。

“老师，最近广播、杂志里都说跟孩子一起玩的话对他的情绪发育有好处，也能让他在心理上感到安稳。可我就是不知道到底应该怎么跟孩子玩。本来决定了今天跟孩子多玩一会儿，可是刚玩了10分钟就觉得没什么可玩的了，孩子也觉得没意思。虽然玩具也很多，可是过一会儿就开始烦了。怎么办好呢？”

通过聊天发现，不知道怎么和孩子一起玩耍的妈妈比我想象的要多。妈妈平时都觉得跟孩子一起玩很简单，只要有时间就行，可是真的和孩子一起玩的时候又觉得茫然了。刚一起玩了几分钟就不知道该怎么继续了，孩子的手里也不知何时又拿起了玩具。这都是因为父母无法自然地和孩子一起找到玩耍的乐趣。父母也想和孩子一起搭城堡或者玩别的什么游戏，但是无法做到。这样一来，父母内心会感到愧疚，于是经常给孩子买玩具来弥补。

市场上销售的玩具好像如出一辙，一直以来都在宣传对大脑发育有帮助。这款说可以促进数学方面的思考能力，那款说可以促进科学思考力和认知能力，还有一款说可以培养创造性。能够拒绝这种“甜蜜诱惑”的父母少之又少。于是，为了让孩子的潜能爆发，父母被一种应该多给孩子买玩具的强迫性观念抓住了。然后，孩子的房间渐渐堆满了各种玩具。

在孩子生活的幼教机构也和家里没有什么大的不同。教室里装满了各种教材和教具，孩子甚至连呼吸的空间都快没有了。现在的情况就是，为了能够通过幼儿园监管机构的评判，不得不以提高保育及教育质量为名目去准备大量的教材和教具。在这样那样的理由下，如今的孩子大都生活在玩具的“洪流”中。

事实上，玩具本身是好东西，而且有些情况确实需要玩具的存在。在孩子玩玩具的时候，妈妈可以休息或者做做家务。但是，不是所有问题都能用玩具来解决，也不可以用玩具来解决。

一、 改变从孩子开始

“不喜欢。不去！就不去！”

一天，3 岁的载成因为不想去上学而在儿童之家门口耍赖，又哭又叫，搞得一团糟。这天距他初次来儿童之家不过 2 个星期。

“为什么呀，载成？为什么不想来儿童之家呢？”

“儿童之家里面什么都没有，没有积木，也没有机器人。没意思，所以不想去。”

载成感觉在儿童之家没意思，想在家里玩玩具，到了儿童之家门口也不妥协，一直和父母对峙。在我工作的这个儿童之家几乎没有玩具，因为这里的孩子都以室外游戏为主。对于那些一直被制造出来的玩具所包围的孩子来说，这样的儿童之家的生活只会令他们感到烦闷和厌恶。特别是从其他幼儿园或者儿童之家转园过来的孩子，他们无法轻易适应这样没有一件玩具的教室，很快就会失去兴趣。看到这样空荡荡、没有玩具的教室，初次访问这里的很多妈妈也感到不安。很多妈妈还打来电话抗议，说孩子回家全身都是土，还说下雨天怎么还让孩子去外面玩。

改变最先在孩子身上出现。载成曾经因为儿童之家没有玩具而大哭大闹着不要去，可是现在，他只要到了室外，都会在土山旁边用一口旧锅和一把旧勺子来做泥土料理，玩得连时间都忘记了。

一天，载成拉着我的手把我叫过来，原来他从花坛周围捡了很多落叶，在平底锅铺了厚厚一层，树叶上面还撒了一些小土块儿。载成指着这些对我说："老师，我给你做松糕吃。松糕上面还有豆子呢。"他所说的"豆子"就是一些小石子。我和他的班主任老师用手假装拿起"松糕"吃了一口，载成立刻鼓起掌来。

在大人看来，孩子用土做松糕这件事好像也算不了什么，但是对孩子来说，把"未成形"的泥土做成一件"有形"物品的过程中有相当大的事情发生。泥土没有固定的形状，所以孩子可以按照自己的想法创造出不同的样子。玩过家家的游戏时，泥土可以是米饭、是小菜、是调料，还可以是房子、是城池、是隧道、是江堤、是大坝。

还有，知道用水把土和成泥做成松糕，并且在松糕上面还放了小石子当豆子，这是多么令人惊讶的事情啊。有的孩子用树叶做松糕馅儿，有的孩子用沙子做松糕馅儿。对这个年龄的小朋友来说，自己选择一些事物并且把它们改造成另一些事物的经验是非常重要的。在这样从无到有的创造过程中，孩子的创造力和思维能力都得到了发育。跟那些只是玩固定大小和形状积木的孩子比起来，可以有多种选择的孩子的创造力发育是爆发式的。

只有在没有玩具的时候，孩子们才会学习和朋友、和大自然一起融洽相处、玩耍的方法。在由于天气不好而无法进行室外活动的日子里，孩子们第一次待在空荡荡的教室里时，也只是四处张望不知如何是好。不过这都是暂时的，孩子们很快就开始你推我、我推你地玩了起来，教室里所有的东西都被他们当成了玩具。他们把椅子弄到一起当小火车、当成船或当成家。他们还把桌子连在一起，上面铺上包袱皮当成秘密基地。把没用的纸箱剪开叠纸片儿，用棉线玩翻绳，还把鞋带编起来玩跳绳。如果给孩子们创造没有玩具的“无聊时间”，他们就会发挥出自己制造玩具的卓越本领。

玩具原本是充当和朋友融洽相处的一个媒介，可是现在孩子们没有真正一起玩的朋友，只是独自玩玩具，而且现在的玩具性能先进，就算坐在那里不动，只要按下按钮玩具就自己发动了。孩子们很快就会对玩具失去兴趣也是这个原因。父母看到孩子很容易就厌倦，于是开始感到不安，怀疑孩子的专注力和观察力不够。可是，那些只要按一按按钮就能自己发动的玩具是不可能长时间地吸引住孩子们的注意力和激发孩子们的好奇心的。

二、 产生厌倦的一方永远是大人

"无数的孩子还没有体会过游戏就变成了大人，这真的是很可怕的事情。"

日本摄影家萩野谷（音译）认为，在某个瞬间，他发觉孩子们正在从公园和游乐场里面渐渐消失。这样说的原因是现在的孩子在学前不是奔波在各个学院，就是闷在家里沉迷于电脑游戏或者电视。萩野谷野心勃勃地想要一生用相机来记录下孩子们的玩耍场面，他的这个计划在 17 年后走到了尽头。

孩子们正在远离游戏，难道父母不害怕未来在我们孩子身上会发生什么吗？那么，现在就是父母为孩子找回游戏的时候。首先，不要认为和孩子一起玩是困难的事情。现在让孩子放下手里的玩具，和他们一起去小区活动场地、公园吧。在外面可以和孩子一起玩的游戏不知道有多少。就算孩子手里只有一根小棍子也能玩起来，甚至于在广阔的空间无目的地奔跑也可以成为不错的游戏。父母需要做的就是迅速加入到孩子创造的游戏中。需要注意的是，最开始请不要有时间的限制。在孩子的游戏成熟前不要说“回家吧，刚才不是说好了吗”这样不断想要中断游戏的话，这些话会让孩子丧失掉把游戏发展壮大的机会。在外面最先厌倦的一方永远是大人。请等待孩子的游戏变成熟吧。哪怕 1 小时、2 小时，他们都可以流着汗水专注于游戏中，根本不会产生厌倦。

玩得痛快的孩子往往更有创造力

在室外有很多利用大自然赐予的玩具愉快玩耍的方法，现在的孩子们能知道几个呢？

大概一个也不会轻易想起来吧。

但是，父母可以告诉孩子们这些玩耍的方法。

在室外玩耍时不需要特别的玩具，最好的玩具就是大自然的各种产物。对孩子来说，风、空气、泥土、石头、昆虫、植物就是最好的玩具。不过，需要注意的是，在准备玩具的过程中要让孩子作为主体，孩子自己去找到一样东西玩的时候，他的游戏会变得更加完美。

父母回想一下自己的童年就会很清楚了。小时候，我们找到一些小木头，用锯子、刀子切开玩打棒儿游戏，找到一些小石头玩扔石头或者跳房子的游戏。有时我们还找一些小石头玩抓子儿的游戏，一组 5 个，当然石头的大小要适当。要找到满意的小石头并不容易，所以每天游戏结束后都要把小石头埋在只有自己知道的秘密场所，然后和朋友约好第二天再一起玩。这是所有 70 后、80 后父母共有的记忆。作为主体，孩子直接参与到了玩具的寻找、制作过程中，所以他对玩具更加珍惜和依恋。

一、 玩起来才能产生专注力

在外面玩的时候，如果能有朋友一起就更好了。孩子们在一起玩就是吵吵闹闹，一会儿吵架一会儿又和好。在和朋友一起玩耍的过程中经历着无数次的输和赢，与此同时孩子也成长起来。孩子们创造了只属于朋友和自己的世界，并且通过这个过程开始对人际关系慢慢有了理解。他们明白了每个人处理问题的方式不同，知道了要关心、照顾他人。

《游戏就是孩子们的食物》一书的作者片海文说道：“孩子的人生要用游戏紧密地缝到一起，只有这样将来才不会轻易破裂。”所以，我们应该每天给孩子吃游戏这种“食物”。如果孩子有一天没有好好吃饭，大部分的妈妈都会斥责孩子，但是对于游戏这种“食物”的缺乏，父母却好像都觉得没什么大不了。孩子是为了玩才来到这个世界上的，可以说玩起来才能称作孩子，玩起来才能产生专注力。活力四射、看起来无法集中注意力的孩子也能在外面不断地跑跑跳跳地玩上两三个小时，这之后不知道是不是因为能量都释放出来，所以在教室里都表现得很安静。

在室外有很多利用大自然赐予的玩具愉快玩耍的方法，现在的孩子们能知道几个呢？大概一个也不会轻易想起来吧。但是，父母可以告诉孩子们这些玩耍的方法。我们来回忆几种游戏怎么样？

拍元宝

和孩子一起用各种废纸叠成一个正方形纸包吧。在不断重复的游戏过程中，孩子会得到一套自己的折纸方法。石头剪刀布之后，输的一方把纸包放在地上，然后赢的一方把自己的纸包使劲往下砸，如果能让地上的纸包翻过来就获胜了。那些向下砸纸包时力气不足的孩子在游戏之前可以先把彩纸放在地上当成纸包来进行练习。为了能让纸包顺利翻过来，向下砸的姿势和位置很重要，所以通过反复游戏，孩子可以轻松领悟到调节姿势和力量的方法。

拨木棍

堆一个小沙堆，中间插上一根小木棍。然后通过石头剪刀布确定顺序，按照顺序开始从沙堆剥离沙子。最后，谁把小木棍弄倒了谁就输了。通过多次游戏，孩子可以掌握不让小木棍倒下的要领。玩熟练之后还可以让游戏升级，插上 2 根或者 3 根小木棍。这个游戏可以培养孩子对体积和数量的概念，还可以培养手眼协调力、专注力、忍耐力和平衡感。

二、 一看就知道图画出自谁手

整天跑跑跳跳玩耍的孩子画起画来也是自由的。在我们儿童之家，孩子们画画的时候我基本都不给他们出固定的题目，让他们自由发挥。手工课的时候也强调自主性，让孩子们选择使用自己喜欢的材料。也可能正因为这样，孩子们的图画和手工作品都让人感觉很生动，充满了童真，就算看很长时间也不会厌烦。

在绘画涂色时，其他孩子都是随心所欲，按照自己的想法来涂，可不知和珍是不是觉得必须要全部涂完才算最终完成，她为了把每一面都填充上颜色用尽了心思，而且和珍对于画中的物品也要求完美。比如说画一棵树，她就认为一定要把树根、树枝、树叶全都画上才算完整，如果旁边的小朋友没有画完整，她还会指责人家画得不对。

以和珍为代表，这些上过美术辅导班的孩子画出来的画都很相似，好像是按照数学公式画的一样。所以，把这些孩子的美术作品和没上过美术辅导班的孩子的美术作品混合在一起的话，大部分都可以区分出来，但这种区分并非是判断画得好与坏的标准。

孩子的画应该是有生气的，但是那些接受过美术教育的孩子画出来的画基本上都没有生气。为了在短时间内使学生的绘画水平得到提高，辅导班会反复给孩子指导绘画方法，所以有时候会让孩子临摹不同主题的图片。素描之后一定要仔细涂色，涂什么颜色、涂色的方法以及涂色的顺序都已经被定好了。手工课也是一样，很多时候都是准备好足够的完全一样的材料，然后指导孩子做出完全一样的作品。只有方法和材料多种多样，孩子的创造性才能得到发挥。

平时生活自由自在的孩子，他们的性格在绘画中也可以得到完全体现。平时很搞笑的调皮鬼承革、观察力超群的恩率、极度固执的京根等，这些孩子的鲜明个性会同样体现在他们的绘画作品中。所以，就算把很多作品都混在一起，哪些是这些孩子的画也能一眼看出来。看着画就会感觉“这是承革的风格”“这是恩率的风格”“这是京根的风格”。因为没有必须把画画好的心理负担，所以他们能够在绘画作品中毫无顾忌地构筑自己的故事。画画时都是按照自己的风格，不会跟别的小朋友的作品雷同，所以不会有压力或者意志消沉，对自己的作品充满了自信。相反，接受过长时间美术教育的孩子很清楚怎样画好一幅画，但是一旦脱离这个固定答案，他们就会感受到压力。因为没有办法从自己的学习模式中脱离，造成他们的作品都很相似，从这方面来看，是不是可以说孩子的丰富个性都被抹杀了呢？

三、 感觉是在玩耍过程中形成的经验总结

孩子用绘画来表现自己看到和触摸到的东西，而且把自己融入大自然中尽情玩耍的体验会让这种感觉变得鲜活起来。孩子在大自然中一边触摸、品尝、用耳听、用眼看，一边玩耍，这种体验会唤醒孩子的情感。换言之，孩子在自然中玩耍这件事本身就是在进行绘画练习，所以“玩得痛快的孩子往往更有创造力”这句话可以成立。孩子在自然中的玩耍经历成为其想象力和创造力的源泉，那些没有接触过自然的孩子想把他们的五官感受表现出来不是一件容易的事。没有亲眼见过毛毛虫在手上蠕动的样子怎么能画好毛毛虫？没有亲身感受过风中飘过来的味道又怎么能确切地表现出风的样子？

大人们可以做的就是，帮助孩子从自己的周围生活中发现独特的闪光点，并且用双手把这些闪光点画出来。感觉不是在美术辅导班培养出来的，感觉是在游乐场、胡同、公园、森林中玩耍时获得的珍贵经验的总和。

孩子在树林里不会问时间

刚把孩子带到树林里的时候，他们也会无所事事，到处瞎逛，但是随着时间的流逝，你就会看到他们完全投入到自己的游戏中。

为了让孩子能够感觉到幸福，一定要找到孩子真正喜欢和擅长的事情。孩子喜欢并擅长什么呢？那就是在室外、在自然中、在树林里玩耍。比起教室，孩子更喜欢户外；比起人工产品，孩子更喜欢大自然的产品；比起都市，孩子更喜欢树林。在教室里孩子总是问几点了，但是在树林里的时候他们不会问。在教室里无聊时会去找老师，但是在树林里的时候却不会，因为他们一直忙于玩耍，没有去找老师的必要。可见，去树林玩耍就可以成为激活孩子幸福感的一个途径。

在树林中，孩子的游戏可以变得丰富多彩，因为树林中到处都散落着玩具。哪怕只有一根小树枝，只要到了孩子手里马上可以变成各种各样的玩具，如刀、枪、钓鱼竿、指挥棒、扫帚、火车、飞机等，有哪种玩具可以同时具备这么多的功能呢？树林中的自然环境还未完全经过雕琢，所以孩子可以按照自己的想法去创造，而且由于没有数量上的限制，无论做什么游戏都很充裕。很多玩具就算被其他小朋友拿走了也可以再捡起来一个继续玩。广阔的空间、清新的空气、可以尽情拿来玩的各种玩具，在树林中孩子当然会感到自由和从容。

刚把孩子带到树林里的时候，他们也会无所事事，到处瞎逛，但是随着时间的流逝，你就会看到他们完全投入到自己的游戏中。这种投入是以自觉性为前提的。孩子全身心投入的对象多种多样，但是与植物比起来，各种会动的昆虫更能令他们投入。林间小路上碰到的蜥蜴、蚂蚁，或者溪水中的一只小蝌蚪都可以让孩子停下脚步。他们欢呼雀跃，细心观察并抛出一大堆问题。如果能针对孩子的提问提前准备一些昆虫图鉴、植物图鉴、鱼类图鉴、野花图鉴也很好，因为这样可以创造父母和孩子一起探索、思考和表达的机会。这不是父母强加给孩子知识，而是在孩子对某种东西产生兴趣时稍微帮助孩子一把。我们儿童之家授予的毕业生学位中就有蚂蚁博士、蝉博士、恐龙博士、蜥蜴博士等。孩子一边看着图鉴和百科全书一边研究自己感兴趣的昆虫，很多时候都可以从中获得渊博的知识和信息，也就会成为一个在树林中偶然碰到一株小草或者一只虫子就要进行思考研究的孩子。孩子的那种热情和专注力真的很美、很了不起。

一、 树林里学到的从容和关怀

树林给孩子带来很多的变化，让他比任何时候都喜欢走路并且充满活力。平时轻易不走路的孩子到了树林也会毫不含糊地迈开脚步。那些平时由于感冒经常缺席的孩子也变得越来越健壮了。还有，如果孩子在上午去过小树林，那么午饭就会吃得格外好，午觉也会睡得格外香甜。再有就是孩子对周边变化的反应会变得灵敏，开始有了审美的眼光。

“今天在树林里好像可以摸到云彩啊。”

下雨后的第二天，孩子看着树林里的轻雾这样说道。听到这句话，我想，如果没有在树林里玩过能有这样的表达吗？

第一次来到树林的时候，孩子看到昆虫不知如何是好，一脚踩死昆虫的情况也会发生。但是，随着来树林的次数增多，孩子常常从父母和老师那里听到关于自己遇到的那些小生命的故事，孩子的行为也会开始发生变化。就算是一只小小的蜗牛，孩子也不会再小瞧或欺负它，而是说出类似“经过这里的人太多了，把它拿到不太容易被人踩到的另一边吧”这样的话。我们还可以看到孩子会为无意中看到的一棵被砍倒的小树感到难过，哪怕是一朵花、一只小昆虫都会觉得应该珍惜。孩子渐渐地悟出树林中各种生命共存的道理，与此同时也学会了从容和关怀。

请带上孩子去树林吧。过度的英语、语文、数学、练习题、特长等给孩子带来的只有痛苦。但是，如果让孩子和树林相遇的话，我们就会看到孩子的身心变得更加健康和快乐。

二、 和孩子一起玩的树林游戏

很多父母都问在树林和孩子玩些什么？其实父母大可放心，孩子无论身处何地都会本能地去找出各种可玩的东西。只要在树林里待上一会儿，父母就可以发现孩子已经完全沉浸在自己制造的游戏中了。不过孩子初次到树林的时候还是有可能出现无法熟练地找到玩具玩耍的情况，下面我就介绍几种可以和孩子一起玩的游戏。

拔　草

找一些细长的小草，然后两个人每人拿一根，再将两根小草交叉之后同时拉向自己，谁的先断开谁就输了。如果能给赢的一方的脸上贴小贴纸，孩子一定会觉得很有意思。需要注意的是，不要拔下过多的小草，够玩就可以了，还要注意不要找那些太高、太结实的小草，以防划伤手指。

小石头游戏

树林里小石头到处可见，我们可以用小石头摆成树枝、树叶、花等各种形状。把小石头摆成长长的一溜就是火车轨道，或者还可以把小石头垒起来搭成一座塔。孩子玩到兴起时还会给你讲述他们建造的小石头“世界”的故事。游戏结束时别忘了把小石头放回原来的地方哦。

树林中的生日宴会

把一直在家举行的生日宴会放到树林里举行一次吧！这会成为孩子一生中一次特殊的回忆。用树林里面的花和草做一个花冠，然后用泥土做一个蛋糕，蛋糕上面还可以摆放一些草或者花瓣，还有小石头。蛋糕完成后，父母给孩子戴上花冠，再读一封生日信。生日信提前写好的话当然好，万一没有准备，那么就在现场捡一片大的树叶当作贺卡，即兴说一些生日祝词，这也会是一件非常有意思的事。这个时候再给孩子讲一些他们婴幼儿时期的小故事，孩子一定会侧耳倾听，心情愉快的。

找昆虫

和孩子一起在树林里找一找在书中见过的昆虫吧。父母要想办法让孩子对昆虫的外部特征和运动方式有所了解。如果父母能和孩子一起学昆虫走路的样子的话，孩子一定很开心。孩子第一次见到昆虫时可能会害怕，也可能在看到昆虫靠近自己时一脚把它们踩死，所以我们要给孩子时间去熟悉昆虫，以便让孩子体会到生命的可贵。

寻找大自然的色彩

除了我们知道的颜色，树林中还隐藏着很多我们叫不出名字的颜色。和孩子一起寻找树林中隐藏的各种颜色吧。我们还可以利用在树林中找到的各种东西来调出颜料画画，用石头把花瓣和树叶捣烂放到杯子里，再加上水就成了“自然颜料”。拿出提前准备好的毛笔和画纸，一边画画一边通过颜料的干燥过程来观察颜料从鲜艳到混浊的变化，这也是很有意思的。

思维在发呆时成长

可以让思维暂时休息的游戏会让孩子的头脑变得清醒，内心变得平静。

为了提高孩子的思维能力最好能让他们涉猎各个领域的书籍。通过读书，孩子可以间接体验到通过肢体无法体验到的世界，培养出较强的思维能力。但是，不是说孩子的思维能力只有通过读书才能变得更强大。

首先，孩子要多进行户外游戏，让身体多多运动。或许谁都有过这样的经历，大脑一直不间断地接收信息，突然在某一个瞬间就停滞了，再也无法接收更多的信息。孩子也一样。以增强思维能力为理由总是让孩子坐在室内看书或者写作业的话只会导致他们思维能力的倒退。我们的大脑不能无休止地接收信息，而是有限度的。虽然前面已经说过，我还是要说，思维的发育是通过感觉来实现的，只有直接用身体的各种感官去感受，大脑才能得到更好的发育。

其次，要想提高思维能力就要给予孩子发呆、犯懒的时间。孩子需要有独自思考的时间。请给予孩子充足的时间和空间，让他们能够从细小的事物开始独自发现、学习。我们退后一步观察孩子的话，就可以真切地感受到孩子有许多东西是可以通过自己的力量去学习、去领悟的。

为了给孩子思考的时间，我们可以让他进行安静的冥想。冥想看似很浩大、很困难，实际上是只要在生活中抽出一点儿时间就可以做的简单的事情。把冥想当作一种让头脑暂停或者暂时放下的游戏就好了。头脑变清醒了，孩子的内心也会平和，对事物的专注力也会变得强大。

一、 感受宁静

某个下雨天，雨声不大，风景美丽。为了和孩子分享下雨的感觉，我准备了一支有下雨声的音乐。

“室外游乐场、后山和树梢上都在下雨。”
“室外游乐场的紫藤上在下雨。”

孩子们坐在教室的地板上，一边听着有下雨声的音乐一边念起了诗。我让孩子们闭上眼睛，一边说“我们跟着雨水开始旅行吧”一边带领他们想象在雨中徜徉的样子。音乐中的雨声渐渐增大，京载突然一边说着“老师，我的头发都湿了”一边抱起了头。

“老师，我的衣服也湿了。”
“我在路旁的小水坑里踢水玩。”
“我又在上次下雨天去过的树林里走路呢。”

所有的孩子都沉浸在想象中，有的孩子用手抱住了自己的身体，有的孩子闭着眼睛一言不发，一副安静的样子。虽然没有真的在雨中徜徉，但是在想象的世界中都好像被雨淋湿了。音乐冥想结束后，我们可以看到孩子更加安静地投入到了自己的游戏中。

冥想之后，孩子的紧张感和压力得到了释放，变得更容易专注，感觉也变得更灵敏，而且这之后还能把他们看到的、感受到的事物很生动地表现出来。他们会最先察觉到周围的变化并且告诉老师，比如说“老师，树上长出了新芽”或者“老师，请过来一下。这里有个奇怪的东西”。随着压力得到缓解，情绪上感到稳定，孩子就逐渐具备了用明亮的眼睛去观察事物的能力。

在家里也可以和孩子一起冥想。让孩子慢慢地呼吸，他们的心情就会变得愉快、宁静。用鼻子慢慢地吸气，直到肚子鼓得紧绷绷，然后憋住，几秒之后再慢慢呼出来。这个动作既可以坐着做，也可以躺下，让孩子把手放在肚子上感受呼吸时肚子的起伏，这样孩子就会觉得很有趣，能够持续做下去。

声音冥想也很有意思。声音冥想就是倾听周围的各种声音或者音乐，共同享受那种感觉。与音乐相比，大自然的声音更好一些，如果要给孩子听音乐，那就听一些能够使人情绪舒缓的旋律。躺在床上闭上眼睛，告诉孩子“我们听一下远处传来的声音吧”，然后集中精力倾听那些声音。通过这样的方式让孩子感受宁静，还可以让孩子获得独自用心思考的时间。

二、 让孩子的思维变得活跃的途径

我们在大自然漫步时也尝试给孩子一些发呆的时间吧。发呆并不是在浪费时间。孩子看起来好像就是在发呆，其实这也是孩子全身心投入去感受大自然的珍贵时间。经过这段看似没有做任何事的时间之后，孩子反而会用明亮的内心去探索周围的世界。探索可以让孩子思考，思考又带来很多的问题和思索。

春风徐徐的 5 月，正在散步路上发呆的孩子们眼前出现了蝴蝶。

"老师，这山上为什么有这么多蝴蝶呢？"

"老师，蝴蝶的翅膀为什么是折叠的呢？"

"蝴蝶吃什么？"

"老师也不是很清楚，我们去图鉴或者百科全书上找找吧。"

面对孩子们的无数问题，老师有时也会像上面这样回答吧，从现在开始，孩子们开始了对未知的探索。通过图鉴，孩子们了解了蝴蝶的一生，之后在树林中常常见到蝴蝶的同时对蝴蝶的生活状态也有了更详细的了解。

"黑凤蝶！"

"呃，翅膀是红色的，好像是长尾黑凤蝶呀。"

"嗯，翅膀不是像燕子尾巴一样那么长嘛。"

"呃，那只是菜粉蝶。"

"也可能是白绢蝶。"

"我看像寄生蝶呀！"

随着对蝴蝶的兴趣的持续，孩子们对蝴蝶的一生、蝴蝶和飞蛾的区别、每种蝴蝶的生存时间和场所等知识慢慢产生了兴趣，和蝴蝶的关系变得更加亲密。再有，孩子们发现了蝴蝶有着不同的振翅速度和方式，这也让他们感到欣喜不已。

有一天，老师提出了一个建议："在树林里蝴蝶出没的地方做上记号，做一个蝴蝶地图怎么样？"接下来，从春天到初秋，孩子们在蝴蝶出没的地方都做了标记，完成了蝴蝶地图，孩子们还期待这份地图能给弟弟妹妹们也带来帮助。

在孩子们埋头思考再表达出来的过程中，老师不会提前设定好主题拽着孩子走。老师的作用就是跟着孩子的兴趣爱好一起思考。在孩子自己提出"为什么"之后寻找答案的时候，老师需要做的就是默默地观察。如果没有空闲独自沉浸在思考中，孩子也就不会提出"为什么"，当然也就不会想去寻找答案。所以，不要总是催促孩子，给他们发呆的时间吧。这样，孩子的思维就会自然而然地活跃起来。

做家务是孩子的特殊乐趣

孩子最感兴趣的游戏就是参与到父母的生活中，一起经历父母的生活。

通过这样的游戏他们了解了父母所做的事，也获得了与父母相似的经验，这让他们很有成就感。

“没有可以在家里培养孩子专注力的游戏吗？”

提出这个问题的妈妈不在少数。与大人们的想法不同，孩子们发挥专注力的时候并不是拿着市场上销售的玩具玩的时候。比起那些价格较高的玩具套装，孩子们更迷恋厨房洗手池里面的锅和铲。他们是那么的想要去感受真实的生活。

我想起了小时候，每当妈妈不在家时，我们就会带着激动的心情穿上妈妈飘舞的长裙，偷偷把妈妈的化妆品抹到脸上。下雨的时候在院子里的水坑里洗爸爸的袜子，然后再搭到晾衣绳上的情形也历历在目。不论时间怎么流逝，时代如何改变，玩耍游戏的本能都不会有大的变化。几十年前我感兴趣的游戏现在的孩子仍然感兴趣，特别是与生活相关的游戏，任何孩子都会喜欢。

一、 做家务对孩子来说是有兴趣的事

孩子最感兴趣的游戏就是参与到父母的生活中，一起经历父母的生活。当你在厨房做饭的时候试着对孩子说“一起做饭吧”，孩子一定会很开心地跑过来。让孩子揉揉面团或者做些其他的简单家务，他们会一边干活儿一边流露出心满意足的表情。

做饭就是把生活当成游戏的一个很好的例子。孩子们在切洋葱时会流泪，也会学用煎锅煎东西时发出的声音。做饭的过程中看到各种材料的变化孩子也会觉得不可思议。做饭是一种可以唤醒孩子感觉的好游戏，特别是味觉和触觉。而且比起触觉，从舌尖开始品尝食物直到食物进入体内，味觉与人体的关系更加密

切。通过做饭接触到的这些感觉上的经验给孩子带来了不同种类的快乐。通过这些经历还可以顺便纠正一下孩子偏食的坏习惯。为了能让吃饭变得开心，自己做饭吃的经历是必要的。

但是，要妈妈带着孩子一起玩做饭这种所谓“极为有趣的游戏”哪有那么容易呢？每次做饭都被时间追着赶着，好不容易做好吃完，还要忙着进行洗碗这些后续工作。所以妈妈都不喜欢和孩子一起做饭，哪怕孩子心里非常想做饭，妈妈也总是说：“我去做饭，你自己看会儿漫画书好吗？”

如果说和孩子一起做饭真的很难做到的话，那么就在吃完饭后让孩子去洗洗碗吧。你会看到一个手指微微颤抖、表情却无比兴奋的洗碗的孩子，或许是心里还有点儿不安，担心水弄到衣服上或者洗不干净妈妈会叫停。但是，如果给孩子足够多的时间，你会发现他已经完全沉浸在洗碗当中了，因为洗碗是他自己喜欢的游戏。

二、 让孩子通过生活和游戏来了解父母

洗衣服也是孩子们真心喜欢的游戏。一个盆子、一个搓衣板，再加上一块肥皂，这就可以成为送给孩子的最好的游戏材料。不要把所有的脏衣服一股脑儿扔进洗衣机，试着把袜子、手绢，还

有孩子喜欢的毛绒玩具的衣服留下来让孩子自己去洗吧。他们一定会非常开心。把脏衣服在水里浸泡，打湿之后放到搓衣板上，然后抹上肥皂慢慢搓的话，那些脏的地方就会变干净了。在清水里多次漂洗之后，最后把洗好的衣服搭在晾衣绳上，在阳光和微风的作用下衣服慢慢变干了。上面的过程对于孩子来说都是有趣的发现和体验。

垃圾分类也是孩子们想做并且可以做好的一种家务。对于大人来说，垃圾分类只是一种家务而已，但是把饮料瓶、报纸、塑料等分成不同种类的垃圾，再把它们扔掉这件事情对孩子来说是一种令人无比兴奋的游戏。整理鞋柜也是一样。大人做家务时总是一副心不在焉的表情，忙忙叨叨，可是孩子们却带着一副真诚的样子埋头其中。与此同时，孩子们通过这些家务也对大人的生活和工作有了了解。

家务成为孩子喜欢的游戏有什么意义吗？孩子们的游戏不是为了身体发育、语言发育、社会性和情绪发育而存在的。游戏的存在首先是因为兴趣，通过做家务这种游戏了解了父母所做的事，也获得了与父母相似的经验，这让他们很有成就感。

三、 和孩子一起做家务关系会变得更亲密

和孩子一起做家务的话，孩子在享受这个有趣游戏的过程中可以有以下几点收获。

第一，孩子的自信心得到增强。因为让孩子一起去做了他憧憬已久的大人做的事情，能让他感觉到自己受到了大人一样的对待，而且孩子发现曾经以为只有大人才能做的事情自己也能做到，所以自信心自然会得到增强。

第二，在孩子认识到做一件事就要有始有终的过程中，他开始有了责任心。例如，孩子认为要把鞋摆放整齐，要把垃圾分类处理，这就说明他已经有了责任心。

第三，干活变得扎实，干净利落。虽然在做家务的时候孩子也可能有失误，可就在不知不觉间孩子的劳动能力变得越来越强了。

第四，一起做家务让父母和孩子之间的纽带变得更结实。这就好像孩子和父母一起做完事情后更加了解对方，关系一下子变得亲密一样。

请试着把对孩子的成长有着多种帮助的家务变成一种游戏吧。需要注意的一点是，我们要让孩子认识到，这不是让他给妈

妈打下手，而是和妈妈一起做家务。还有一点，孩子想做一些核心的事情，就算有点儿麻烦父母也试着让孩子做一些“真正的”事情吧。例如，洗衣服的时候让孩子给衣服打上肥皂搓搓看吧。我的意思就是在所谓的做家务这个游戏中要让孩子成为主体，孩子能够敏锐地察觉到这一点。刚开始的时候孩子可能做不好，父母可以一点点地提高家务的难度，不知不觉间，孩子的自信心和责任心会变得强大起来。

成长伴随着觉醒的手指尖

> 孩子们想做编织。
> 孩子们希望能拿起真正的锯子和锤子。

德国哲学家康德说过,“手是身体的大脑”。就像这句话说的一样,我们的手和大脑有着非常紧密的联系。从科学角度来说,我们在进行各种身体活动时,大脑的使用量会得到飞跃式的增加,特别是在进行手部活动时大脑变得非常活跃。这是为什么呢?这是因为,在我们的大脑里,掌管身体器官的各个部分都已经被固定,其中控制手部活动的大脑核心部分运动中枢占据了整个大脑的 30%。因此,脑科学专家从很久以前就已经开始关注手和大脑发育的联系，并且告诉人们，为了孩子的大脑发育，要对他们的五官进行刺激，要多用手和脚。从这一点来看，韩国人的祖先也是脑科学家，因为他们创造了优秀的游戏——“檀童十训”。那么，年龄稍微大一些的孩子需要进行什么样的活动呢？

一、 孩子什么都想尝试

在我工作的儿童之家，孩子们只要到了 5 岁就开始做编织和针线活。我们最初并不是专门把孩子聚到一起教他们做针线活和编织的。平时有老师在刺绣或者做针线活的话，孩子们就会一窝蜂地跑过来问：“老师，这是什么？”“这是干什么用的？”最后都会以“我也想试试”这句话结束。这些孩子有着无数的事情想去尝试，现在连针线活也自然而然地开始做了起来。对孩子们来说，做针线活绝对是大受欢迎的一件事情。孩子们从最初的绣直线，到绣曲线，再到绣图案，最后自己画好图案再刺绣，一步一步地掌握了刺绣的基本要领。那段时间，孩子们每天讨论的都是关于针线活的内容：“你打算用什么颜色的线呢？”“下一次你准备绣个什么图案？”……

在做针线活的过程中发生的最显著的变化就是男孩子们的样子了。在自由活动时间里总是扮演超人在教室里跑来跑去的男孩子们的游戏发生了变化。热衷于拿着玩具刀和玩具枪玩战争游戏的男孩子们自从开始做针线活之后，在自由活动时间也能安静地坐在那里刺绣了。看着那些用大麦色、浅粉色等暖色系的线一针针地认真刺绣的男孩子，你甚至会怀疑这真的还是那个整天喜欢追跑打闹的孩子吗？通过针线活和编织，孩子们首先可以找到手上的感觉，特别是对那些感到不安或者有攻击性行为的孩子来说，针线活和编织还可以起到冥想的作用。孩子们在教室外面尽情跑跳，回到教室就让自己的内心安静下来做针线活，就这样度过了每一天。

随着孩子们针线活手艺的提高，有的孩子在自己的刺绣作品里面装上填充物，做成了一个娃娃。拿着自己亲手做的娃娃，孩子兴奋地说："这是超市里买不到的，只属于我的娃娃。"从6岁开始玩的纸箱编织也是一样。所谓纸箱编织，就是把纸箱前后左右四面的上端都用剪刀剪成一定间隔的锯齿状，然后利用这些锯齿用毛线进行编织。孩子们通过纸箱编织来亲手制作自己的围巾和帽子。每次赶上纸箱编织，教室里不论男生还是女生，全都抱着一个小纸盒，全神贯注地编织自己的东西。还有个小女生，整个冬天都把自己编织的裙子穿在打底裤外面，老师担心地问她："你不冷吗？"小女孩扬扬自得地回答："没关系，这是我自己做的裙子，所以穿上一点儿都不冷。"

二、 孩子有时会喜欢做木工活

和针线活一样，还有一件事大人开始都感觉孩子们绝对做不好，结果却出人意料，孩子们做得很好，这件事就是木工活。孩子们怎么能做好需要用锯子和锤子的木工活呢？很多妈妈都有这样的疑问。可令人惊讶的是，木工活正是孩子们可以轻松应对的事情之一，甚至孩子们还非常喜欢做木工活。使用锯子和锤子的同时感受手的颤动，在敲打和把东西锯开的过程中感到满足，所以孩子们完全投入到了木工活中。如果父母能够在保证安全的前提下一步步引导孩子做木工，那么对孩子来说没有比这个更好的游戏了。

木工活可以唤醒孩子的五官，强健身体和心灵。正在给木头进行砂纸打磨的孩子一边说着“木头呀！我给你干干净净地洗个澡”，一边为了能够温柔一点儿而投入了所有的精神和力量。他还说“木头身上有很清爽的味道，像是西瓜子的味道”，并全身心地感受着这块木头。我们做父母的这一代肯定有不少人在小时候都有过用木头做成这样那样的道具来玩耍的经历，可这种经历在现在的孩子身上却很难看到。这是因为孩子们正在渐渐远离生活中的游戏，同时父母也担心做木工活的工具会给孩子带来危险。可是，只要给孩子做一个简单的木工台，就能让他们很容易地锯木头，并且父母一直在孩子身边监管的话，木工活就不再是危险的事情了。尽管也会担心孩子受伤，不过请相信孩子一定会集中精神，小心翼翼不让自己受伤的。只要集中精力，不东张西望，那么一定可以安全地享受木工游戏。如果因为危险就不让孩子去做，或者重要的过程都由父母代劳的话，会夺去孩子很多的欢乐。

木工活就是一种同木头接触，从木头中学习的活动。在实际生活中可以体验到生产方面的活动对孩子有着无比的教育价值。通过直接对木头的触摸，触觉、嗅觉、听觉、视觉等感官变得敏锐；通过钉钉子、锯木头，眼睛和手的协调能力得到了提高。再有，作为木工活基本功的锯、安装、固定、连接等动作可以使孩子全身的肌肉得到均衡发育。通过自己设计制作的过程，获得成就感和自信就更是自然了。用锤子钉钉子、用锯子锯木头这类动作可以减少攻击性的感情和行动，使孩子获得情绪上的安定。

初次接触木工活时，孩子们不一定会充满好奇心，也有可能感到害怕和不安。6 岁的尹浩就是这样。尹浩在刚接触锯子和锤子时经常说的话就是“我不行，我不喜欢”，就连相对简单的砂纸打磨也不愿意做，不喜欢木头上掉下来的粉末弄到身上，只是呆呆地站在远处。虽然他也很羡慕哥哥们用木头做的枪和小汽车，可是自己并不想做。

有一天，7 岁的玄智姐姐拿着锯子走向了坐在角落里的尹浩。她对尹浩说："尹浩呀，你把腿这样分开，抓住这里……"一边说一边把用锯子锯东西的方法教给了尹浩。接受了玄智姐姐的"单独辅导"之后，尹浩从一些比较细小的木头开始锯起，最后成功地锯断了比老师手腕还要粗的木头。看着自己辛辛苦苦锯断的木头，尹浩脸上露出了笑容，还问道："我做得不错吧？"

从那天之后，尹浩开始变得不同，原来做事消极，总爱依赖别人的尹浩慢慢变得积极、自信起来。不知从什么时候，7 岁的尹浩成为我们儿童之家木工活最好的"木工博士"。现在，尹浩还把自己从失误和错误中得到的各种技巧都教给了自己的弟弟，就好像当年玄智教他时一样。

三、 单调重复的游戏对孩子来说毫无意义

生活中，让孩子用从市场上买回来的木工玩具尝试木工活的做法不是很好，因为很多时候，市场上的木工玩具从材料到游戏顺序都已经被固定。例如，一只蜻蜓有四只翅膀，一个身体，两只眼睛，人们就把相同大小的木块弄平整，然后成套出售。孩子们在玩这种玩具时无法感受到很大的乐趣，因为最终会出现什么他们已经很清楚。还有一种"玩具工具箱"也是父母很喜欢给孩

子买的玩具，玩的方法就是用锤子把很多模型敲进对应的位置。最初接触时，孩子们都会沉浸到玩具中不能自拔，可这种好奇心并不能维持很久，因为他们只是在单纯地重复“敲进去”“拔出来”的动作，很快就厌倦了。如果游戏不能按照孩子自己的意愿和计划进行，那么对孩子来说就是毫无意义的。

自己动手做玩具，织围巾，做自己需要的东西，对于这样的孩子，他的双手在使用过程中具备了工作的意义，而工作会赋予孩子建设性的生命力。孩子们想去做编织，希望拿起真正的锯子和锤子，可父母常常用一些“你还小，不行”“危险”之类的话语来抹杀孩子的独立性和创造性。请跟孩子说“你也可以的”，同时把针线交到孩子手里吧。请告诉孩子安全使用锯了和锤子的方法吧，那样你将会看到孩子眼中闪现出的光芒和他们埋头苦干的样子。

四、 拯救孩子身体健康的土壤

孩子们种下一粒种子，尽心尽力地灌溉，一天、两天、三天、四天……只是等待种子发芽的那一天。

对于做什么事情都只有三分钟热度的孩子来说，等待并不是一件容易的事。

孩子上幼儿园和小学的时候，我们一家是住在独门独户的两层住宅里的。那样的房子夏天热，冬天冷，比起公寓，有很多生活不便的地方，但是因为房顶露台可以种菜，所以过得也很开心。我们往塑料泡沫箱子里装上土，里面再洒上一点儿用药材发酵制成的液体，这样种了很多萝卜、白菜等蔬菜。和孩子们一起种下种子，等发芽的时候大家一起高兴地欢呼。每次吃饭的时候只要看到有蔬菜，孩子都会跟我确认："这是我种的菜吗？"比起种菜这件事，老大对白菜和土里长出的各种虫子更感兴趣，埋头抓虫子玩的样子到现在还历历在目。可能是有过这段经历，所以我的孩子对各种时令蔬菜都很了解。

现在的大型超市就算是冬天也有黄瓜、生菜、葡萄等各种夏季蔬果，这样一来，孩子们就不知道什么是时令蔬果了。人们现在不去吃充满生命力的时令食品，却去吃那些人工种植的反季节食品，吃这些反季节食品长大的孩子，身体素质一般都比较弱。有很多这样的孩子都说自己常常肚子疼，消化也不好，经常肚胀、头疼或者胸闷。

为了拯救这样的孩子，我们应该让他们接触土壤。虽然我们都觉得土壤不是什么了不起的东西，可它却是生命的源泉，用无限的生命力不间断地滋养其他的生命。所以让孩子从小通过种植各种植物来感受土壤中蕴含的生命力是很重要的一件事。近年来，就算家里没有条件也有很多周末农场可以去，所以只要父母有决心，让孩子接触土壤并不是一件难事。只要有 15~30 平方米的土地就足够全家来做农活了。或者，我们也可以在阳台上放一个大的泡沫塑料或者木箱，或者一个大花盆，在里面放上一些从山上找来的烂叶土，再撒点儿肥料就可以撒种栽培了。

可以和孩子在家一起栽种的最具代表性的植物就是生菜、茼蒿和小萝卜。在土壤里撒上肥料播种之后，按时浇水的话大约一周时间就可以发芽。当这些幼苗长得茂盛之后就要隔一段时间进行一次修剪，把那些看起来病病歪歪、长得不好的幼苗剪除。辣椒、黄瓜、茄子的种子可以在种子商店或者花卉市场中轻松购买到，只需要很少的种子全家就可以享用到有机蔬菜了。

通过做农活，孩子们的行为、态度，特别是内心都发生了变化。

第一，那些认为在市场可以买到任何东西的孩子也会明白，我们吃的东西不是自己自动长出来的，而是经过了播种、灌溉、锄草、施肥等一系列过程，在有人付出了辛勤劳动之后才能走上我们的餐桌。收获辣椒、茄子、小西红柿等蔬菜的季节非常炎热，虽然很辛苦，但是能够收获自己亲手种下的蔬菜，心情也像农夫一样感到很满足、很充实。收获红薯的时候就好像在寻宝一样，找到红薯的一瞬间孩子们的嘴里都会发出一阵感叹的声音。

第二，清新的风，温暖的阳光，青草的清香，浓郁的树荫，软软的土块儿，苏子叶的香气，辣椒的刺鼻，这些都可以令孩子们的感觉变得丰富。

第三，孩子们亲手播种、灌溉，经过一段时间的等待后，看到自己亲手种下的种子变成了各种蔬菜并且被做成各种菜肴端上了餐桌，他们的偏食状况也会有所改善。如果孩子偏食严重的话不妨让他们亲手去栽种一些自己平时不喜欢的蔬菜吧。我看到周围有很多孩子在亲手栽种了大葱、萝卜、青椒之类的蔬菜之后就变得很爱吃这些蔬菜了。

不知什么时候，我们儿童之家 7 岁班的孩子们在院子里种上了彩椒。他们的班主任一直有个想法，就是纠正班里那些不喜欢吃彩椒的孩子们的偏食。经过锄草、灌溉等一系列过程，长出了令人喜爱的黄色、红色的彩椒。老师和孩子们经过讨论，决定用这些彩椒来做“彩椒炒饭”。孩子们把彩椒切碎后放到平底锅中翻炒，然后再放入热腾腾的米饭一起翻炒几下，看起来十分可口的“彩椒炒饭”就完成了。孩子们对这道炒饭的反应是爆发式的，有的说“老师，这是我们自己种的，所以很好吃”，有的说“老师，我最喜欢的料理就是彩椒炒饭”……彩椒在孩子们中间积聚了很高的人气，从第二年开始，所有班级都在院子里种上了彩椒，整个夏天儿童之家都弥漫着彩椒炒饭的味道。不受孩子们喜爱的彩椒变成了孩子们最喜欢的食物，这里面最重要的原因就是孩子们亲自参与了彩椒的种植和彩椒炒饭的制作。

第四，知道了生命的珍贵和深沉。如果没有实际经历过生命的成长，又怎么能够从内心深处感受到生命的珍贵呢？孩子们种下一粒种子，尽心尽力地灌溉，一天、两天、三天、四天……只是等待种子发芽的那一天。对于做什么事情都只有三分钟热度的孩子来说，等待并不是一件容易的事。

再有，农作物收获之后，土壤里变得一无所有，可我们还有种子。经历过几次播种和收获后，孩子们对不断重复、永不休止的生命循环有了了解。孩子们在栽种过程中看到了土壤和蔬菜上的各种小虫子，知道了这些虫子在干什么以后，对这个世界上各种生命的共生也有了初步了解。如果没有观察过一棵蔬菜的成长全过程，那么孩子就不知道土壤、水、风、阳光、空气是多么值得我们感激，哪怕只有一瞬间产生这样的想法也很难。近来有人通过“园艺”对孩子进行人性教育，我认为土壤栽种也同样可以成为一种好的教育方式。好了，现在让我们告诉孩子们土壤的秘密吧，孩子们会从中领悟到超出秘密本身更多的真理。

第三章 让孩子吃得健康

> 妈妈膝盖上的学校 >>

除了游戏玩耍，食物对孩子也是很重要的。优质的食物和健康的饮食习惯能够为孩子一生的健康提供有力的保障。妈妈在日常生活中，要多给孩子吃一些好吃的时令食品，尽量少吃加工食品，特别是快餐。妈妈用心烹制的食物散发着妈妈的味道，当孩子遭遇困难、伤痛的时候，这种妈妈的味道能够让他们的心灵得到抚慰。

请给孩子食用健康的绿色食品

请这样想，进入我体内的物质就是我的孩子要吃的东西。

所以就算要花些时间，也希望父母可以搞清楚市场上农作物的生产销售过程。

除了游戏玩耍，食物对孩子也是很重要的。由于环境污染日益严重，有害物质增多，妈妈开始在孩子的饮食上花费更多的心思，但是这种心思在每天应对繁重的工作和家庭生活过程中变得无力，经常被忽略。所以，对孩子饮食的监督，妈妈需要制定原则，并且坚持不懈地实践。

我曾经去过一个日本的福利院，福利院大小也就相当于一个小社区医院，可这个地方却是世界有名。既是福利院院长，同时也是一位白血病专科医生的武隈博士曾是熊本医科大学教授，他放弃了大学教授一职来到了福利院开展养生保健运动。他提出了“一手听诊器，一手拿步犁”的口号，主张要在农业中学医，在自然中学农。那些来到福利院的患者不用打针和吃药，而是食用各种有机蔬菜。

福利院给我留下深刻印象的是置物架上摆放的糕点。“那些糕点已经在那里展示了10年了”。据说这些已经展示了10年的糕点从味道到颜色没有发生一点儿变化，依然保持着最初的状态。这么长时间的存放也不发生腐败就正好成为食物里面含有多种添加剂的证据吧？有这样一句话，“城市里孩子的大便连苍蝇都不碰”，这在一定程度上说明现在城市的孩子吃了太多的加工食品、快餐，所以大便中含有很多的有毒物质。甚至还有人说：“让孩子吃一块糕点和让他抽一根烟没什么区别。”由此可见，我们需要认真思考一下日常生活中常吃的各种面包、饮料等食品的危害性了。

一、 孩子的食品安全更需要妈妈的努力

食物越天然越好，加工食品中含有太多添加剂。一种食品中含有

不止一种添加剂，我们吃的也不止一种食品。进入我们体内的各种添加剂有 50%～80% 通过各器官排出体外，但是剩下的那部分会持续在人体内堆积。加工食品中最糟糕的就是快餐，快餐的危害也是众所周知的，快餐容易导致肥胖是人所共知的事实，现在也有结果表明快餐还会导致孩子发生哮喘和湿疹。英国诺丁汉大学的研究人员为了这个研究，分析了 31 个国家的 18 万名 6～7 岁儿童和 51 个国家的 31 万名 13～14 岁儿童的健康资料。这些资料的综合分析结果表明，一周吃 3 次以上快餐的十几岁儿童患上哮喘、湿疹、过敏性鼻炎的概率更高一些。与这些慢性症状产生关联的唯一食物就是快餐。特别是那些一周要吃 3 次以上快餐的十几岁儿童，相比那些每周吃 3 次以下快餐的儿童，他们患上重度哮喘的概率要高 39% 以上。另外，有着相同不良饮食习惯的 6～7 岁儿童比那些吃快餐少的同龄儿童患上哮喘、湿疹、过敏性鼻炎的概率要高 27%。年龄稍大的青少年从快餐中受到的不利影响更多，爱吃快餐的青少年一般来说从小时候就带有这样的饮食习惯。这正是需要妈妈努力从孩子的婴幼儿期就要考虑应该让孩子吃什么的理由。

二、 吃饭即是在育人

日本的优秀教育机构正在把“食育（食物教育）”当作一个主要的教育项目，他们对“食育”的说明如下：所谓“食育”，就是全民实现一生健康的饮食习惯，为了养成能够确保健康的饮食习惯和对好食物有足够判断力而进行的学习活动。也就是说，饮食习惯对身体有着极大的影响，一旦形成就很难改变，所以没有从很小的时候就进行“食育”的话，会对一生的健康带来不利影响，国民整体身体素质也会变得低下。因此日本幼儿教育机构认为，给孩子们提供由时令材料做成的食物是幼儿教育的第一步。所以很多的日本教育机构为了在家庭中也能让“食育”连贯起来，他们也经常邀请学生家长来参加一些有关料理的讲座。日本人清楚地认识并且实践着“吃饭即是在育人”这句话。

三、 安全好吃的时令食品种类远远超过我们的想象

我家院子里有一棵树，一到每年 4 月就会充满活力地生长，这个场景让我非常诧异。这棵树好像知道到了自己绽放生命的时间，所以开始表现出自己的生命力。准时绽放，可以令自己充满

大自然的气场，这些气场进入体内可以变成我们的血和肉，成为活力的源泉。夏天的时令食品就是黄瓜，请给身体补充类似的夏日蔬菜吧。大自然一年四季都会赐予我们食物。可是现在，由于温室栽培等方式的流行，时令食品正在渐渐消失。寒冷的冬天也可以吃到黄瓜，还有茄子或者草莓等反季节蔬果。可是如果冬天吃这样的食物会令身体变寒，虽然这些食物吃起来很好吃，但是长期食用这类非季节性食物的话患上疾病的可能性就会提高。所以，如果可以，请记住时令食品都有些什么，争取以吃时令食品为主吧。

我们可能都不太清楚，时令食品的种类远远超过我们的想象。而且就算和孩子一起做饭也有很多选择。春天可以做糯米糕、煎饼、草莓酱，夏天可以做土豆饼，秋天可以做打糕、南瓜饼，冬天可以做柚子茶、年糕汤等。

四、 低农药农产品，无农药农产品，有机转换农产品，有机农产品

大部分人在市场上买菜时都喜欢买样子漂亮的，比起长得歪歪扭扭的黄瓜，人们大都选择长得笔直的黄瓜，还喜欢选择那些没有虫子吃过痕迹的看起来很好吃的苹果和草莓。为了让这些食

物看起来更赏心悦目，在种植这些食物时需要用到很多种农药。为了增加水果的甜度也会给水果用药，常见的有杀虫剂、催熟剂等。

这些农药的危害很大，含有的致癌性、致畸性物质会在体内堆积，无法排出。喷洒农药的人们成为第一批农药受害者，食用这些食物的消费者也会渐渐成为农药受害者，同时，周边的环境也会受到污染。

解决上述问题的办法就是食用有机农产品。所谓有机农产品就是从培育到生产过程中不使用任何化学肥料及农药，只使用堆肥和天然材料的产品。所以，有机农产品是安全的、品质好的。有些农产品部分使用化学肥料，但是绝对不使用农药，还有一些农产品，没有使用任何化学肥料和农药，但是栽种的土地还处于向有机土地的转换过程中，这样的农产品是有机转换农产品。由此可见，我们走向有机农业的道路还很远。市场上销售的环保食品有低农药、无农药、有机转换、有机等几种，我们自己要根据需要来选择。

有机产品的价格当然要比普通产品的价格高，但是它会减少我们去医院的次数。请这样想，进入我体内的物质就是我的孩子要吃的东西，所以就算要花些时间，也希望父母可以搞清楚市场上农作物的生产销售过程。

对故乡的味道念念不忘的孩子

在我们每个人的记忆中，妈妈做的饭是其他任何一个人都无法做出来的。

当孩子成人之后遭遇困难、伤痛的时候，这种妈妈的味道能够让他们的心灵得到抚慰。

下面是我们家老大上高中二年级时候的事情。

“妈妈，为了庆祝我当班长，我想请朋友们吃比萨或者汉堡包。”

“嗯？那什么好点儿呢？”

“比萨。一人一块儿肯定够吃了。”

听了孩子的话，我决定订好比萨然后送到学校去，可是我却有点儿烦恼。就算孩子再怎么希望都好，作为一个致力于生态育儿的妈妈，买了比萨让孩子带到学校这件事情是我很不情愿做的。

“如果不买比萨，做点儿打糕带到学校去怎么样?”

“打糕？哎哟妈妈，那我肯定就变得没有朋友了。也不知道老师们喜不喜欢。”

幸运的是，学校校长认为送比萨和汉堡包的车辆在学校进进出出会影响孩子们学习，所以颁布了比萨和汉堡包的禁令，这样我家老大的计划落空了。

不知道这是不是青少年的文化，觉得比萨好而打糕“臭”，寒冷的冬天冰箱里的可乐比温暖的米酒更有吸引力。青少年时期都在经历着“口味的偏离”。问题是，幼年时吃天然食品长大的孩子和幼年时就以快餐为主的孩子在将来会产生很大的差异。

幼儿期吃天然食品长大的孩子脑海中都有一种故乡的味道。这是因为他们有一个习惯，即吃妈妈在家做的天然食物的习惯。有句俗语说“三岁看老”，虽然这里面包含了很多内容，比如饮食习惯、穿衣习惯、睡眠习惯等，但我想强调的就是“三岁的饮食习惯一直跟到老”。儿时的饮食习惯会伴随你的一生。但是，现在的孩子从一出生就被各种人工食品驯化，还不清楚什么是天然食物就长大了，当然也就不会知道何为“故乡的味道”，何为“妈妈的厨艺”。

19 世纪的法国美食评论家萨瓦兰（Jean Anthelme Brillat-Savarin）这样说过：“你告诉我吃什么，我就能说出你是什么样的人。”这是多么意味深长的话啊。在一定意义上说，你吃什么可以决定你的性格，改变你的命运。给孩子制造的“故乡的味道”决定着孩子一生的健康和情操。我们不仅仅是为了吃而做饭，希望我们能够按照自然规律用简单的饭菜装满热情，培养孩子爱吃菜的好习惯。

一、 肉类和蔬菜要合理搭配食用

餐桌上有肉的时候孩子们吃饭的速度总是很快，由此可见，孩子们对肉类有多喜欢。虽然我们需要摄取一定量的肉类，但是如果只吃肉、不怎么吃菜的话，从小时候就可能会导致饮食不均衡、高血脂、糖尿病、肥胖等各种由于不良生活习惯造成的疾病。有一种说法是我们食用的肉、菜比例应该和我们虎牙和槽牙的比例一致。老虎长的虎牙多，当然就是肉食动物；牛长的槽牙多，当然以吃草或者谷物为食。我们人类槽牙和虎牙的数量比是 4∶1，那么在我们平时的饮食中，蔬菜和肉类的比例应该达到 4∶1，这样才对维持健康有利。

减少肉类食用量，增加蔬菜食用量是一条找回孩子健康的路。不过还是有很多妈妈哭诉，就算想让孩子吃蔬菜可他们就是不好好吃。要想解决这个问题，最好的方法就是和孩子一起种植一些他们不喜欢吃的蔬菜，等这些蔬菜长成之后甚至可以和孩子一起把它们做成食物，这样孩子们就会渐渐爱上这些蔬菜了。还有一个方法就是每周找一天作为“素食日”。比如说，每周三的晚餐就是泡菜、煎豆腐、豆芽汤等各种素菜，这可以成为一个特殊的日子。同时，如果给予了孩子充分的室外游戏时间，消耗了大量的体力，那么他们对这些食物也不会产生不满，会吃得很香的。

二、 传统食物和精神食粮

把平凡的孩子变得不平凡，引起日本幼儿教育革命的《奇迹幼儿园》一书介绍了这样一个幼儿园。在这个幼儿园中，孩子们一年所食用的 500~600 千克大酱都是由孩子和自己的父母一起腌制的。500~600 千克的大酱里面有 400 千克在幼儿园被吃掉，剩下的在孩子们毕业时一起分享。幼儿园一共有 156 个孩子，平均下来每个孩子一年要吃掉大约2.5千克的大酱。这样一来，孩子们全都变得非常健康。

韩国的传统饮食有大酱、辣椒酱、豆瓣酱、泡菜等，大部分的发酵食品都具有巩固健康、治疗疾病的功效。发酵食品可以令我们体内的嗜氧性微生物增多并在体内发酵，为人体细胞提供氧气。

传统饮食再好可是孩子就是不喜欢吃，这是个问题。解决这个问题有几个方法。在周末农场或者小院子里种棵白菜，然后再做成冬季泡菜，这样的整个过程都让孩子跟你一起参与如何？还可以和孩子一起在厨房煮一锅大酱汤。如果能够再跟孩子所在的幼儿园提出建议，指定一个日子让孩子们去腌制大酱就更好了。

妈妈亲手制作的食物在营养方面毋庸赘言，它还可以给孩子带来心理上的安稳。各位没有这样的经历吗？有时候突然会怀念儿时妈妈或者奶奶做的，只有我们家里才有的特别的食物，泡菜汤、炖青花鱼等。每家每户的做菜方法大同小异，但是在我们每个人的记忆中，妈妈做的饭是其他任何一个人都无法做出来的。所谓的精神食粮就是这个了。是的，当孩子成人之后遭遇困难、伤痛的时候，这种妈妈的味道能够让他们的心灵得到抚慰。

第四章

成为父母的意义

> 妈妈膝盖上的学校 >>

父母都想把孩子圈在自己怀中养大，在父母的这种欲望下孩子存在着不安和恐惧。现在父母是时候放下自己的欲望了，放下这种欲望的瞬间你会看清楚自己的孩子，知道孩子现在最需要什么。在教育孩子的过程中，爸爸要给孩子指出基本的生存之道，做到宽严相济；父母要给孩子树立良好的榜样，与孩子一起成长；祖父母给孩子带来更多的爱与信任；孩子在和谐的家庭环境中会感到更加幸福和快乐。

NHK[①]记者出身的泷井宏臣（音译）在《我的孩子身上有什么事情正在发生》一书中提到了“母子胶囊”，顾名思义，就是让孩子在一个密闭空间中，把孩子培养成为一个符合妈妈各项标准的“好孩子”。睡眠、饮食、玩耍等各种生活环境都按照妈妈自己的喜好来安排，并把这些强加到孩子身上，这样就导致了一些严重问题的发生。

我们的情况也没有什么不同。根据某项研究，73%的幼儿都在接受早期教育，其中53%的幼儿正在接受2个以上的早教。这些早期教育当中以韩国语、英语、数学方面为主，不过舞蹈、绘画等才艺方面的教育也占了相当一部分，甚至于为了提高4岁孩子的素养，就算是一些介绍凡·高或者高更作品的课程每节课的

① 日本放送协会的简称。——译者注

收费在1000元[①]以上也无法阻挡父母的追捧，真是令人难以置信。

五色啄木鸟在下蛋之后会用锋利的嘴去拔胸前的羽毛，这是为了露出胸部，用更加温暖的胸部来孵卵。生物学上把羽毛被拔掉的这部分叫作“抱卵点”。抱卵点就是父母为了把孩子从卵中唤醒而付出的一种挚爱。但是，就算在这种挚爱之下，如果到了应该独立的时候，鸟类父母也会做好把小鸟们送出去的准备。它们首先会减少喂食次数，教给小鸟们独自过夜的方法。它们还会给小鸟们看看自己巢穴之外的世界，鼓励小鸟们试着去扇动翅膀。

父母都想把孩子圈在自己怀中养大，孩子在父母的这种欲望下存在着不安和恐惧。现在父母是时候放下自己的欲望了，放下这种欲望的瞬间你会看清楚自己的孩子，知道孩子现在最需要的是什么。

① 为方便读者阅读，本书中的币种均已换算成人民币。以下同。——译者注

第一节

不要让自己成为“邻居妈妈”

不要模棱两可地把孩子置于各种育儿体系之中。

正确的育儿方法是选择一个方向坚持走下去。

近年来已经几乎没有邻居之间互相照看孩子的事情了，育儿这件事变得很独立。因此，妈妈们就会很渴望与处在同样情况下的其他妈妈进行对话。同样被困在“育儿”这个房间里的妈妈们互相理解对方的处境，所以这些妈妈之间的对话状态甚至要好过与家人之间的对话。因为她们可以互相倾诉育儿方面的苦恼，提出或接受好的建议，一起排除育儿这条路上的困难并肩前进。

不过，这些有一定共识的邻居妈妈还有一副不同的面孔。那副面孔可以让我家孩子换幼儿园，决定我家孩子上什么补习班，令我可爱的孩子看起来总是存在不足。

一、 育儿不是在做练习

每天早晨把孩子们送上校车之后，妈妈们都会一起聚集到公寓的 101 号房间。她们一边喝着咖啡一边聊着各种内容，说着说着话题就在不知不觉中转到了孩子的教育问题上。谁家孩子 3 岁就已经认识很多字了，谁家孩子 6 岁就能流利地说英语了。或者哪种运动项目不错，什么教具很好，大家一起买吧等，上一个信息还没消化下一个信息又到了耳边。

从邻居妈妈的对话中可以看出，她们在育儿上没有坚定的信念，左右摇摆不定，很容易动摇。她们还总是感到不安，“这样下去我家的孩子不会连大学都考不上吧”？她们一会儿觉得这种观点很正确，一会儿又觉得应该马上按照那种方法试一试。

但是，育儿不是在做练习，我们不可能把每种方法都尝试一遍，选择一个正确的方向并且坚持不懈地走下去才是正确的育儿方法。因为关系到孩子的未来，所以我们不可以反复进行试验。而且，妈妈在和邻居妈妈们的聊天过程中常常摸不到头绪，不知道该听哪个，不该听哪个，在各种信息中摇摆不定。本来说好让孩子自由发展，可没过多久孩子的一天又开始按照妈妈设定好的模式度过。而且，我们的妈妈越是找不到育儿方向，摸不到头绪就越想在短时间内看到育儿成效。这样经过一段时间，你就会发现不知从何时起，自己已经不再考虑孩子喜欢什么，有什么才能，只是竭尽全力地想让孩子站到那座竞争激烈的独木桥上。

育儿网站也实实在在地发挥着邻居妈妈的作用。网站上充斥着各种“超级妈妈”的经验之谈。例如，在家庭学校就可以完全掌握语文、英语的妈妈，把孩子培养成“读书王”的妈妈等。这些内容令登录网站的妈妈感到不安，心里直打战。听说某种玩具是国外为了孩子的身体和情感发育而制作的，哪怕售价高达几千元也恨不得当场就买下。这最终导致妈妈们下定决心，周末还是要带孩子去文化中心，就算去不了文化中心也要在家做些练习。

二、 孩子会找到适合自己的路

如今年轻的一代父母，大部分连参与生活实践的机会都没有过，都是在父母“快去学习”的督促中长大的。因此，现在的年轻父母没有机会近距离体会育儿的哲学和方法，在育儿这件事上感到畏缩和不安。而且，在同那些有类似经历的妈妈一起分享信息之后反而加重了内心的这种不安。可即便如此，还是很无奈地把从邻居妈妈那里听到的育儿方法作为自己最好的指路明灯，并且妈妈们内心的不安也转移到孩子身上。

从邻居妈妈那里听到的各种“成功经验”令妈妈们变得意志消沉，那么这些意志消沉的妈妈在催促自己孩子的时候，孩子会有什么样的感受呢？妈妈大概是不喜欢我这样的孩子，那为什么要把我生出来呢？跟那个孩子一起生活不就行了吗……孩子自然会产生这些想法。每个孩子身上都有闪光点，如果妈妈们只是通过孩子的外部表现跟其他孩子作比较的话，孩子的热情会渐渐丧失，愤怒也会在心中堆积。

如果养育孩子的同时极度缺乏与其他妈妈的对话交流有可能会错过一些必需的信息，也有可能失去客观看待自己孩子的机会。但是，如果把与其他妈妈交流时听到的所有信息一股脑儿地接收的话，那么妈妈在育儿的时候就很难沉着冷静，又想这样又想那样，这样的育儿方式不好。不要模棱两可地把孩子置于各种育儿体系之中。正确的育儿方法是选择一个方向坚持走下去。孩子们要想从担心自己落后变得自由奔放，需要从各种有关学霸和青年才俊的神话中脱离出来。我们要从孩子的视线出发来看待自己的孩子，这样，孩子们就会找到自己要走的路。

我们要摆脱邻居妈妈的影响，希望大家能回头看看自己是否也和“101 号”家的妈妈互相成为“邻居妈妈”，互相传播着不需要的教育信息，互相令对方陷入了不安之中。

第二节 妈妈的优点是什么

没有人说你做错了什么，但是妈妈却总是自责，如果这种状况持续下去，那么妈妈就变得很危险了。

妈妈也需要得到鼓励和表扬。

虽然我的两个儿子都已经二十几岁，可我还是经常拿出在他们小时候写的育儿日记看。老大 7 岁、老二 2 岁那年的一篇日记是这样写的。

今天，永济把卧室做成一个指挥部把弟弟锁在了房间里，然后自己像没事人一样地出去玩了。万济受到惊吓，在房间里号啕大哭。我很惊讶，把永济狠狠地批评了一顿。永济已经7岁了，变得非常叛逆，不可能妈妈说什么就做什么，所以经常挨批评。批评完孩子后我也很难受。看来我不是一个合格的妈妈。

看着我当年的这些育儿日记，发现自己感到幸福的瞬间好像只有孩子们睡觉的时候，而大部分时间都生活在负罪感的折磨中。而且在儿子的童年时期，我一直过着小媳妇的日子。我的婆婆是一个只顾儿子和丈夫，对在外工作的儿媳妇完全不理解的老人，她固执地认为我应该像古时候的女人一样生活。我所向往的样子和婆婆希望的儿媳妇的样子之间有着很大的差距，因此我心里承受着很多痛苦。

一、 偶尔奖赏一下自己

在我30岁出头的时候，给学生上完课回到家就会接到婆婆的电话："电饭锅里的热饭让孩子和孩子他爸明天早晨吃，你赶紧把阳台上那些凉了的饭菜吃掉。"每当这个时候，我的自尊心都会受到伤害，难过得饭也吃不下、觉也睡不好。

同时，我的丈夫又是一个大孝子，就算我与婆婆之间有一点儿小矛盾，他也会无条件地站在婆婆一边。夹在丈夫与婆婆之间，我所能感受到的只有孤独无助。在我一边上班一边带孩子的那段时间，因为与婆家的矛盾我和丈夫常常吵架。有一天，已经是小学高年级学生的大儿子跟我说了这样一段话。

> “妈妈，就算爸爸要跟你吵架，你不理他不行吗？我现在上课的时候总是在想你们，根本学不进去。如果你们吵完架互相都不说话，我就算出去跟朋友玩也不开心。”

听完这些话，我的心头一震，恍然大悟，原来孩子实实在在地承受着父母吵架带来的压力。从那天之后，我开始尽量避免和丈夫吵架，尽量把一些烦心的事情放下，同时努力试着理解自己的丈夫同时也是婆婆的儿子这一点，也尽量不再把婆婆说出的一些令人伤心的话放在心上。就这样过了一段时间，我的心里开始变得舒服了。我想明白了，在这不算长的人生里，我们为什么要在互相折磨中生活呢？

现在我已经快 50 岁了，我的婆婆依然像从前一样给我打电话，电话的内容也依然是锅里的热饭留给孩子他爸，让我吃外面已经变凉的饭菜。可现在我已经完全不把这些话放在心上了，我会回答她“好”，然后就去锅里盛一碗热饭来吃，反正明天一早这些饭菜都会变凉。为了不让婆婆感到不舒服，每次我都会答应她的要求，然后自己看着办。

可即便如此，也还是有些突发的事情让我感到不舒服。几天前，从周五晚上开始，直到周六全天都在上课，我拖着疲惫的身体刚一到家，婆婆的电话就来了。“虽然忙是好事，可也要照顾好孩子他爸吃饭啊，好好照顾他的身体。真是让人担心。”虽然我也像之前一样用“是”作了回答，可还是感到一丝心寒。儿媳妇在外面忙活了两天连饭都没能吃好，回家之后没有一句关心的话语，只知道关心她儿子的身体，这让我瞬间感到受了伤害。不过，我马上调整心态，告诉自己“潇洒一点儿，淡定”。妈妈关心自己的儿子是理所当然的，我为什么要觉得心里难受？为了自己把心放宽吧，这样想着心情慢慢恢复了平静。

我会时不时地给自己一些奖赏。我会表扬自己说：“我跟超级黏婆婆的老公能一起生活真是了不起，太强了。”“把两个儿子齐齐整整地带大，辛苦了。”然后再去给自己买一套衣服作为奖赏，有时候会给自己买一束花，也曾经自己一个人去美味的餐厅吃饭。老公对于表扬十分吝啬，也不知道送我礼物，所以我就自己送给自己。再有，回家之后要对丈夫花心思。如果我开玩笑似的对丈夫说“你不跟我结婚的话我都不一定嫁得出去”，那么丈夫就会露出一副心满意足的表情，看起来很幸福。看着丈夫的这副表情，我就会觉得之前心里受到的伤害都不算什么了。我觉得，如果我能在更年轻的时候明白人要活得潇洒一些、淡定一些的道理，那么我的人生和育儿过程应该会变得更幸福。

二、 妈妈要对自己宽容

能够幸福地育儿的妈妈不多。

> "孩子小，睡觉的时候总醒，我太累了。"
> "在家和两个儿子斗智斗勇，我天天一点儿精神都没有。"
> "孩子快点儿长大就好了。"

大部分的妈妈都觉得和孩子在一起的生活好像打仗一样，希望快点儿过去。现在大部分家庭都是双职工，繁重的职场生活和认为自己没能给予孩子足够的照顾，这令妈妈们感到双倍的沉重。对育儿产生影响的因素有很多，比如与丈夫的关系、与娘家的关系、与婆家的关系、与朋友的关系等，可唯独妈妈承担了育儿的所有责任，在内疚中煎熬，而且育儿是没有练习机会的。过去都生六七个孩子，带大这么多孩子的过程中肯定积累了不少经验教训。可是现在都只生一两个孩子，刚摸到点儿门道育儿已经结束了，所以不知道育儿是不是变得更难了。在这种情况下，为了能够幸福地育儿，一定要找到令自己变得幸福的方法。我经常对碰到的妈妈们说“表扬自己一下吧”。妈妈们是这样回答我的。

> “没什么可表扬的。每天对孩子发火……好像没资格当妈妈。对孩子发火之后有时候都不想活了。”
>
> “结婚之前在社会上得到了相当的肯定，充满了自信，可自从结婚生子之后总是对孩子大喊大叫。很多时候给孩子收拾完一看，自己披头散发像个鬼一样。”

小孩子总是不分白天黑夜地哭，使得妈妈连觉都睡不好。妈妈不放心让孩子离开视线，去洗手间的时候都要带着孩子，一会儿没注意孩子就会从沙发上掉下来或者摔倒，发生这样那样的事故。由于妈妈身心俱疲，对孩子就会感到不耐烦，等到太阳落山孩子入睡之后，妈妈有时候就会感到自责，“我当妈妈不够资格”“我讨厌我自己”等，就好像有谁责怪她了一样。但是，妈妈没有什么错，当然孩子也没有错。

没有人说你做错了什么，但是妈妈却总是自责，如果这种状况持续下去，那么妈妈就变得很危险了。因为妈妈也需要得到鼓励和表扬，也需要得到丈夫和其他家人的尊重。如果没有得到他们的表扬，那么就要自己关心自己，表扬自己。妈妈的心里得到满足对待孩子就能更加温柔。如果有“我是一个妈妈，应该要做好”的想法，那就更应该多多表扬自己，让自己感到安宁、舒服。和有同样苦恼的妈妈一起互相鼓励、表扬也是一个不错的选择。妈妈需要一个可以互相理解、给予自己正能量的人，能对自己说出“做得很好啊”“真的很辛苦”等话语。

再有，就算有人说了什么，妈妈这个角色也是高贵的、优秀的。对孩子来说，“这个世界上妈妈只有一个”，这个事实本身很重要。仅仅是成为妈妈这样一个事实已经可以让所有的妈妈得到满分了，妈妈们要接受这个事实并且感到高兴。

试着问下孩子：“你认为妈妈有什么优点呢？”孩子可能会回答“妈妈给我做好吃的”“妈妈整天都陪着我”“妈妈把我生下来”等，这些答案看起来好像不算什么，但对于孩子来说却表示他认为你已经是一个最好的妈妈了。请试着和孩子一起找一下你们共同生活中得到的快乐、幸福以及你们正在遗忘的自己的“优点”吧。

最后，妈妈要对自己宽容一些，特别是责骂孩子之后，由于自己的不理智感到后悔自责的时候，更要对自己宽容。就好像是在跟最好的朋友说话一样跟自己说说话吧。

“今天不是太累了吗？而且发火之后我也反省了。知道了，慢慢改正吧。现在不是一天天地在变好吗？”

一边说一边摸摸自己的头或者拍拍自己的肩膀。不要忘了成为一个妈妈已经是很有价值的一件事，妈妈生活得幸福孩子才能幸福。

爸爸的位置在哪里

爸爸要给孩子指出生存中需要跟随的一条主线和大致轮廓，为了做到这一点，爸爸有时候需要表现出严厉的一面。

在我工作的儿童之家，学生家长们会在固定的日子对教室进行打扫。由于双职工家庭众多，打扫的时间都定在下班之后，可来打扫的大部分都是爸爸。在我还是学生家长的20多年前都是由妈妈来做这件事，随着时代变化，爸爸也变得忙碌起来。职场生活中爸爸妈妈都是一样的辛苦，可大家都认为爸爸来打扫这件事是应该的，看来大家都认为让已经忙于育儿和工作的妈妈连儿童之家打扫卫生的事情都包下的话就太吃亏了，真是羡慕现在的妈妈呀。

一、为孩子找到玩伴、空间同样是爸爸的职责

在儿童之家工作时经常会见到孩子们的爸爸，所以我常常会考虑爸爸应该做什么。爸爸是坚强的经济后盾，爸爸给孩子温暖的怀抱，爸爸和孩子们一起去旅行……近来，人们认为能够全心全意陪孩子游戏的爸爸是最好的爸爸。有结果表明，幼儿期和爸爸长时间在一起的孩子比起那些与爸爸相处时间少的孩子学习成绩更好，做错事的概率也更低。

不过，我们需要仔细想想爸爸陪孩了游戏这件事情。孩子们的游戏只有在和同龄人一起玩的时候才是真正的游戏。回想一下我们小时候吧，我们不都是吃完早饭就在胡同里疯跑吗？我们的游戏伙伴从十几岁的哥哥姐姐到五六岁的小孩，甚至还有小狗都可以成为我们的伙伴，玩到太阳下山都不知道。我们偷偷地从哥哥姐姐、同龄小伙伴那里学习各种好玩的游戏方法，爸爸、妈妈只需要考虑“我们家孩子在哪儿玩呢”，从来不会干涉孩子们的游戏。传统社会中，爸爸几乎是不会在孩子玩“尿床”游戏或者其他游戏时出来指导游戏方法的。可是，由于近年来孩子们很难

找到一起玩的小伙伴，于是就由爸爸代替同龄人的角色来陪孩子一起玩。所以，如果在休息日爸爸不陪孩子玩的话就会受到来自妈妈的白眼，成为一个“坏”爸爸。

但是，爸爸可以给予孩子的不仅是陪他游戏，更重要的是帮他找到游戏伙伴、游戏空间和游戏的时间。与合适的小伙伴玩耍之后回到家，爸爸可以问问孩子今天玩得有没有意思，下次想怎么玩，听孩子讲述一下这一天的生活，我认为孩子们更需要这样的爸爸。

虽然和孩子站在同样的角度十分重要，不过更重要的是爸爸要成为孩子的人生方向标。所谓人生，不是用语言描述出来的，而是用行动做出来展现给孩子的。为了做到这一点，我们应该相互守望，不离不弃，可现实并非如此。早间电视节目中，一个喜剧演员流着眼泪讲述了自己作为一个“大雁爸爸”的那段经历。他为了给在美国生活的妻子和孩子寄生活费，有 17 年的时间一直住在半地下室，这期间跟孩子的关系越来越疏远。他还诉说，虽然很向往家庭，可是现在离得这么远，连家庭的意义都丢失了。这个例子可能有些极端，不过现在由于各种原因造成爸爸在家庭中找不到位置，渐渐和孩子变得疏远的情况很多。那么，爸爸的位置在哪里呢？

二、 爸爸既要和蔼可亲，又要不失威严

育儿过程中的所有事情不可能都由爸爸妈妈共同承担，那么应该如何进行分工呢？俗话说“严父慈母”，父亲对待孩子要严厉，母亲对待孩子要充满慈爱。在我们的育儿历史中，我们的祖先肯定不只用过严父慈母一种育儿方式，一定还用过严母慈父、慈母慈父等多种方式，最后发现还是严父慈母是最合适的方式。那么严父到底应该是什么样子呢？

现在的爸爸都很慈祥、和蔼可亲，可比起这些，更切实需要的是把这个纷繁复杂的世界展现给孩子，还要给孩子指出在这个世界上走下去的路。所以，对待孩子严厉就是为了能让孩子在这个世界上一路走下去。

现在20多岁的大儿子对我讲过这样一段话。

“妈妈，现在想想，在我很辛苦的青春期好像是爸爸一直在旁边抓着我。和朋友在外面玩到比较晚的时候我就会想‘爸爸现在一定还没睡，在客厅等着我呢’，这样就再也玩不下去了。虽然有很多次也很反感爸爸对我的干涉，但现在想起来，我也在不知不觉中跟着爸爸学习。我知道了作为子女要履行自己的义务，作为男人要如何

在这个世界上生存……对我来说，爸爸就是我的人生导师。”

爸爸要给孩子指出生存中需要跟随的一条主线和大致轮廓，为了做到这一点，爸爸有时候需要表现出严厉的一面。当爸爸的严厉和妈妈的和蔼达到和谐时，孩子就会成长为一个自尊自律的人。以为育儿是以妈妈为中心，所以爸爸只要起到辅助作用就好，这是不对的。妈妈应该做出明智的改变，让爸爸成为家庭的中心。能够赋予爸爸权威和力量最重要的人就是妈妈。爸爸在家庭中找到确切位置的时候，孩子就会在真正安稳、幸福的环境中成长起来。

孩子的成长映射父母的生活

请收回投向孩子的评判眼光，多看看自己的内心世界吧。

如果在培养孩子的同时我们能变得更好会如何呢？

看到孩子就看到了他的父母，看到父母也就看到了他们的孩子。长相自然不必说了，孩子的身体动作、行为、语调都好像跟父母一个模子里刻出来的。孩子平时的生活或者游戏中都能看到父母的影子。

一、 孩子的游戏承载着父母的人生

民亨在自由游戏时间用积木假装打电话：“今天晚上一起喝一杯吧，我已经订好代驾了。”他说这些话的时候非常自然。听说民亨的爸爸是一家中小企业的营业部负责人，应该是经常会和一些公司的人喝酒。4 岁的敏儿一边玩过家家一边很自然地问老师：“要辣的吗？要五花肉吗？”原来她的爸爸经营一家烤肉店。父母的职业和生活就这样原封不动地从孩子们的游戏中反映出来。

不过，孩子们不仅仅在说话方面模仿父母，就连行为和态度也会模仿父母。

有一天早上，成源的爸爸开车送他来上学，下车时就把车停在了儿童之家的门口，却因此跟门卫老大爷吵了一架。门卫老大爷说：“这里不能停车。”话刚一出口，成源的爸爸就勃然大怒，突然冲着老大爷喊了一句：“关你什么事!”跟像自己父亲一样年纪的老大爷提出抗议。幸好这时老师们出来结束了这场“战斗”。可我到现在都在想这件事有必要闹成这样吗？

实际上，成源平时就不是很活泼，不是很阳光。很多时候他都是一脚踢开教室门走进来，有时候玩着玩着就开始打骂别的小朋友，原来他完全继承了爸爸的攻击型性格。

二、 父母要随时保持一颗慎独的心

所谓“慎独”，是指人们在独自活动无人监督的情况下，凭着高度自觉，按照一定的道德规范行动。

有句话是这样说的：“孩子是用父母的眼在看，用父母的耳在听，用父母的身体在感受。”挑剔的孩子身后都有一对挑剔的父母，性格平和的孩子身后都有一对态度宽容、考虑周到的父母。

孩子们在同父母的生活中会无意识地接受父母的所有，从还不会判断对错的婴幼儿期就天天看着父母，父母的所有行为习惯在无意中深深地渗透到了孩子的身体里。

如果你有些担心孩子将来的为人，那就先仔细看看自己的为人吧。照顾孩子之前请首先整理好自己的内心和行为吧。我在育儿教育中感受到的一点就是“孩子的为人就是父母为人的一部分”。

家是一个私密空间，在家的时候都会很放松，所以父母很容易在孩子面前随意做出各种行为。父母的想法就是“一个小孩子懂什么”。可是再想想我们小时候吧，是不是心中一震呢？虽然父母都认为我们什么都不懂，可事实上我们几乎什么都在了解掌握中。现在我们的孩子也一样。孩子们不是听着父母的话在成长，而是看着父母的背影在成长。如果父母总是不花心思振作自己内心的话，孩子们就会看着父母难看的背影向父母学习。所以，父母要随时保持一颗慎独的心，努力给孩子呈现好的一面。

有些冒冒失失的父母在养育孩子的过程中变得成熟起来，这一定是因为他们在这个过程中常常反省自己，并且付出了很多时间和努力。这就是说每个人成为父母之后不会自动变得成熟。请收回投向孩子的评判眼光，多看看自己的内心世界吧。

三、 夫妻关系对孩子的教育有重要的影响

我和我的丈夫是通过别人介绍认识的，没见几次面就匆匆结婚了。婚后，我发现我的丈夫跟之前谈恋爱时不一样，他为人十分保守、倔强，还相当固执，生活习惯也跟我很不同。我在婚前很喜欢和朋友一起在外面玩，而我丈夫就是那种学校和家庭两点一线，每天的生活轨迹好像转动的表针一样，很是让人郁闷。对于婚前喜欢自由自在的我来说，我丈夫的思考和生活方式就好像外星人一样。我也曾经苦恼过，真的要和他一起生活吗？我们能一起生活下去吗？

不过现在看来，我觉得夫妻关系就是两个人为了互相满足对方的期待，从闹矛盾到找到相互妥协点的一种关系。婚后的几年中，随着一些东西的放弃，我的内心重回安宁，夫妻二人哪怕没有太多言语交流也可以互相理解对方的内心。现在，我们二人也像其他结婚30年以上的夫妻一样，在互相信任的基础上，维持着平静的伙伴关系。如果我丈夫在该生气的时候没有生气，那么我的心情就会很糟糕，会思考"是我让他变得没脾气了吗"之类的问题。我希望能够把丈夫那热血沸腾的样子一直留在心底，因为我们不希望让渐渐老去的对方难受。

在不同环境中生活了至少30年的两个人肯定有很多不同点，这点谁都不会否认。不过，每对夫妻对待这些不同点的方式却不相同。我们夫妻俩关系的"从前"和"以后"就是"接纳"和"认同"。一直以来，我丈夫的性格和生活方式完全没有改变，有的只是我对丈夫性格和生活方式的接纳与认同。自从有了接纳与认同，在我眼里一直是缺点的某些方面都变成了优点，甚至有个别方面还会令我感到尊敬。从另一方面来看，每天生活就是学校和家庭两点一线的丈夫可以让我完全没有了对他酒后归家的担心；他虽然在钱的方面有些过分小气，不过就因为他骨子里带来的勤俭节约，才能让我们在那段时间毫无压力地拥有了自己的小店。虽然我也会在外人面前做出一副可怜的表情诉苦，但在孩子们面前我一直都表现正常，所以孩子们也算是顺利成人，没有走歪路。当然，我丈夫应该和我一样，也会在某个瞬间对我表示认同吧。

还有，在我认同了丈夫与婆婆相对亲密的关系之后，我们夫妻之间的关系也变得舒服了。当我对丈夫说出“婆婆受了很多苦，你要好好待她”这句话之后，丈夫一下子对我变得宽容了。说出的这句话好像连我自己也被感染，我也不由得想要更好地对待婆婆了。对丈夫认同之后，我就想，我比谁都过得安稳，为什么那段时间里要那样折磨自己，让自己内心刮起狂风暴雨呢？太糊涂了。当然，现在的安稳和醒悟都是走过岁月之后才获得的。

这个故事说来平凡，可是走到现在真不是一件容易的事。现在，请安安静静地看看你的丈夫吧，那里有一副不同的面孔，不是“我的丈夫”，而是“一个男人”。当你把自己的丈夫看作一个普通人而不是自己配偶的那一刻，你们的夫妻关系将迈上一个新台阶。

恩秀的父母在同一间学校教书，他们是在工作的过程中互相产生好感并最终走入婚姻的。恩秀 3 岁那年，她的父母一起来到我们儿童之家进行入学商谈。她的妈妈看起来很温柔，比她妈妈大 8 岁的爸爸看起来比较有威严，这次商谈中主要都是爸爸在提问，妈妈基本就是在旁边安静地听着，我感觉这对夫妻就是一对很平凡的夫妻。

可是，恩秀入学一学期之后的某一天，她的妈妈来到学校找我谈话，说完全无法再跟恩秀爸爸一起生活下去，恩秀爸爸太权威、太固执了，现在看到他就心烦。最终，恩秀的父母分了居，2年之后两人离婚，恩秀跟着爸爸一起生活。从恩秀入学到她的父母分居、离婚，我经历了全过程。我感觉到这个过程中恩秀快速地成熟起来。3 岁还是满脸天真烂漫的恩秀，5 岁的时候就变成了一副看透世事的大人样。在老师看来这是一个行为正确、没有任何缺点的孩子，可我看着这副面孔心里总觉得不是滋味。

恩秀 6 岁了，有一天，送她来上学的爸爸因为一件事情批评了她。本来也不是什么大事，但是恩秀突然就爆发了，一直哭了 2 小时都没停下来。老师怎么安慰也没有用，只好把她带到办公室让她哭个痛快。恩秀的眼泪是从内心深处涌上来的难过的眼泪。我感觉她的哭泣是由于普通孩子不需要感受的多种感情在心里层层堆积，现在一下子倾泻出来的一种哭泣，恩秀的心灵已经受到了很深的伤害。

可见，父母的矛盾会让孩子的情绪变得不稳定，甚至于从孩子的生活中就能看出父母关系如何。如果父母在某天吵架，那么孩子就会比平时表现得具有攻击性，或者变得比平时胆小；如果父母之间有深刻的矛盾，那么孩子就好像有什么不可告人的秘密一样整天低着头做人；如果父母关系良好，孩子基本上都是活泼、快乐的样子。

夫妻关系在育儿、对孩子长大挑选结婚对象或者孩子的婚姻生活方面都会产生很大的影响。经常看到父母产生矛盾的孩子在长大之后会说“我绝对不跟那样的人结婚”，还可能会产生“我绝对不结婚”的负面婚姻观。就算后来结了婚也会对离婚持有宽容的态度。反过来，在良好的夫妻关系中长大的孩子就会持有正面的择偶观，比如有时候就会说“我想和爸爸那样的人结婚”。男孩在找女朋友的时候会以自己的妈妈作为参照，而夫妻关系不好的话，女儿就会有“我绝对不要像妈妈那样活着”的想法。因此，为了养育出身心健康的孩子，父母要努力营造良好的夫妻关系。

四、 坐在一起吃饭是交流想法的好时机

和父母兄弟姐妹围坐在一起吃饭，可以给孩子带来情感上的满足。

我们家大儿子小时候，爷爷经常在大家一吃饭的时候讲一些小故事，直到现在，孩子还对这些故事念念不忘。有一个故事说

家族五世祖爷爷曾经做过的一首汉文诗保留到现在，还有一个故事说现在自己那个已经 70 多岁的哥哥小时候难受的话也会受到曾祖母的精心照料，还有故事说爷爷自己小时候犯错误的话，曾祖母就会用各种故事或者谚语来纠正爷爷的行为……我没能记住的很多故事又浮现在脑海里。

仅仅几十年前，一家人还都是坐在一张桌子上吃饭。饭桌就是大家互相交流的场所，从发生在附近的一些不起眼的小事到家里的大事小情，天南海北，各种各样。有时候，大人们也会忘了孩子的存在，进行一些高水平的深刻对话，这也说不定是孩子们可以接触了解成人世界的一个难得的机会。因此，孩子们与家人坐在一起吃饭的同时，他们脑海里的想法也会变得丰富起来。

同时，饭桌也是一个礼仪指导的场所。爷爷奶奶动筷了之前晚辈不可以先动，坐在饭桌前不能抖腿，如果把菜翻来翻去就会受到严厉批评。哪怕在我们成人之后，儿时在饭桌上接受到的上述类似教导也会不自觉地体现在我们的一举一动之中。由此可见，饭桌上的教育在孩子们为人处世的培养上有着非常重要的作用。

但是，现在一家人都不坐在一起吃饭了。虽然也是因为太忙没有时间坐在一起，可有时候就算都在家也是自己吃自己的，待在自己的房间里不出来。孩子们放学后还要去几个辅导班，所以没机会和家人吃饭，他们就在便利店买点儿方便面或者面包随便填饱肚子，直到很晚才回到家。爸爸一直工作到深夜才回到家，连孩子都见不上一面。一直到孩子上大学之前，爸爸都好像是一部挣钱机器，后来某个瞬间突然发现自己和长大成人的孩子之间存在着许多隔阂，无法正常沟通和交流。

通过研究，让孩子和家人一起吃饭的重要性正在被大家所知。美国哥伦比亚大学药物滥用预防中心的一份报告指出，和家人一起进餐的学生比无法做到这一点的同级生获得优异成绩的概率要高 2 倍以上，做错事的概率要低 50% 以上。根据日本秋田县的一份饮食生活研究，和家人一起吃饭的孩子具有较高的解决问题能力，学业也比较成功。以上结果均表明，和家人一起吃饭可以给孩子的教育带来正面影响。这是因为和父母兄弟姐妹围坐在一起吃饭，可以给孩子带来情感上的满足。而这种满足成为孩子自信心的根源。再有，通过在饭桌上进行的对话，孩子们可以继承自己家族的价值观、解决问题的方式等。

如果孩子偏食的话，请想一下是不是孩子独自吃饭的时候太多呢？和家人一起吃饭的话，孩子的偏食能得到改善。孩子不喜欢吃的食物摆上餐桌之后请给他讲解一下这些食物的功效，同时，孩子看到父母很爱吃这些食物，也会慢慢转变，变得爱吃这些食物了，饮食结构也更均衡了。

结婚之前我特别喜欢待在外面，认为跟朋友一起比跟家人在一起更加值得珍惜，对吃饭没什么兴趣，经常买几杯咖啡来代替吃饭。可是结婚之后，我的丈夫要求我必须在家吃饭，没有把饭菜准备好也成为我们吵架的原因。在日本留学的时候，没有一家人像我们家这样努力制作韩国小菜的。

这样生活了近30年之后，我发生了改变。不知道是不是已经养成了在家吃饭的习惯，就算有机会在外面吃饭也会惦记家里吃什么。现在老大因为学习离家在外，一家人很难聚在一起，但是哪怕为了周末能在一起吃一顿饭我花了很多心思。虽然我对做饭也会感到厌烦，但是一想到一家人坐在一起一边吃饭一边聊天的场景就不再感到厌烦了。

现在的生活节奏很快，每天三餐都在一起吃是不太容易。不过即便如此，每周至少也要有一两次全家人聚在一起，通过吃饭来进行交流。如果晚饭不能一起吃，那么一起吃早饭也是不错的选择。只有坐在一起吃饭才能称为家庭。全家人坐在一起，一边吃饭一边敞开心扉，互相交流，分享爱和关心，这样的家庭应该越来越多。这才是真正成为一家人的开始。

让节俭成为孩子的习惯

这个世界上没有东西需要丢弃，从小就知道节俭的孩子会很清楚这个道理。

在我们儿童之家会把孩子们丢失的各种东西集中起来进行保管。这些物品多种多样，有袜子、帽子、大衣，还有球鞋、玩具等。我有时会发现一件长时间没人要的大衣竟然价值几千元，我很惊讶父母会给孩子买这么贵的衣服，更对衣服丢了竟然不来找感到奇怪。

一、 正确看待对名牌的爱

最近我开始对生孩子和名牌感兴趣。根据狄波拉·杰克逊（Debora Jackson）《人类是如何养育后代的》一书，直到 20 世纪 80 年代中叶，非洲部落的女人生孩子时的准备用品就只有一个襁褓，这就足够了。可是现在英国人在生孩子时的准备用品却达 40 多种，新手爸妈在孩子出生前就准备好了婴儿房和各种婴儿用品，他们认为父母的作用从那时就开始了。

谁都会被名牌产品所吸引，我也不是天生就勤俭节约。20 世纪 80 年代上大学时，我比谁都喜欢新产品和名牌产品。我把换季时买新衣服当成一种享受，明明可以坐公交我却非要打车。可是结婚之后，我受到了婆家勤俭节约大环境的影响。婆婆给丈夫穿过的小兜肚在 30 年之后又给我家老大穿，她认为“旧衣服好，能让孩子接收到伟大的爸爸身上的精神”。婆婆直到现在还保留着这件小兜肚，说是将来要给重孙子穿。婆家好像一个博物馆，没有一样东西需要扔掉。在婆家的影响下，我也学到了很多。

在日本生活的那段日子是经济最困难的一段时期，我对勤俭节约有了切身体会。我家老大 5 岁时，我们全家来到东京过了一段留学的日子，当时用奖学金养活三口人真的是非常辛苦。我们在东京租住的房子连浴室都没有，冬天在屋里冻得哆嗦，夏天在屋里热得汗流浃背。

因为学习需要保存体力，所以伙食费是绝对不能省的，只能在别的方面尽力去省。我丈夫所在的大学附属幼儿园每年都举办市集，孩子的衣服、书籍、玩具都可以买到，价格很合适。在我的记忆中在日本这些东西好像就没给孩子买过新的。清晨就开始排队，最后终于用便宜的价格买到了自己看中的商品之后，那时感觉就好像得到了全世界。站在留学生的角度，我认为日本的妈妈们应该生活得比较奢侈，可实际上她们也认为在市集上买孩子的衣服、书籍、玩具是一件很普通的事。看着这些在生活上与留学生一样的日本妈妈，我心想："真是节俭啊！"

直到现在我还保留着留学时期养成的精打细算的习惯。我们家冰箱和风扇的年龄比 26 岁的老大还要大。虽然我们家的冰箱偶尔也会出现把冷藏室食物冷冻起来的故障，可是由于它比现在的冰箱容量大所以无法丢弃。电风扇也是一样，虽然也是伤痕累累，可是以前的电机散热好，这点很令人欣慰。厨房里的煎锅也是结婚时买的，虽然也想换个新的，可是因为有了感情所以也舍不得丢弃。孩子们初中和高中入学的时候也没有给他们买过高级球鞋和名牌运动服，老大穿的是亲戚家哥哥的旧衣服，穿完又留给老二继续穿。

二、 孩子的需求 vs 妈妈的兴趣

对于一件东西的欲望更多的是受到外部影响，而不是发自内心。当我们进入商场的婴儿用品部时，发现很多东西好像都是必需的，但在这之前连想都没想过需要这些东西。商场售货员告诉你这些是生孩子时必须要准备的，同时向你极力推荐一些高级商品，好像只有推着名牌婴儿推车才算尽了父母的本分。

入学仪式上，我一定会向父母拜托一件事情。

> “请不要给孩子穿高级裤子、有皮带扣的皮带和靴子。请给孩子穿上舒服的纯棉裤子和T恤，还有穿和脱都容易的鞋。”

孩子们身上穿的名牌服装并不是根据他们的喜好而制作的，而是根据孩子妈妈们的喜好购买的，就好像大人服装的缩小版。穿上名牌服装，孩子们在活动时自然会受到限制。穿上白色的名牌裤子怎么能爬上小山坡向下滑着玩呢？穿上名牌连衣裙怎么能在树林里尽情跑来跑去呢？就算不知道孩子是否在乎，让孩子穿上名牌衣服的妈妈一定会叮嘱孩子在玩耍的时候要小心。只有那

些穿在身上不怕跑跑跳跳、滚来滚去的衣服对孩子来说才是最好的衣服。

尽管我在开学时都会说上面那段话，可是开学初期还是满眼名牌，玄关处到处都是孩子穿来的靴子。但是随着时间一天天过去，最初总是穿着名牌的孩子开始变得简朴。孩子们穿着名牌裤子、连衣裙等在土山上滚过之后，曾经认为“要让我家孩子看起来漂漂亮亮的”妈妈也只能无可奈何地让孩子换上了舒适、便于游戏的衣服。所以开学几个月之后，孩子们都一致地带着一副在阳光下晒得黑黝黝的面孔，穿着舒适的裤子在外面尽情玩耍。只是看看孩子们的表情就知道他们生活得健康快乐。

最好能够从小就培养孩子节约简朴的好习惯。节俭是一种精神上的习惯。哪怕只是一件旧衣服，也应该让孩子感受到它的价值和珍贵。这个世界上没有东西需要丢弃，从小就知道节俭的孩子会很清楚这个道理。

第六节

爷爷奶奶的怀抱不可缺少

比起父母，祖父母对孩子更加宽容，给予了孩子更多的爱与信任。祖父母的养育具有沉甸甸的价值，这种声音正在广泛传播开来。

我的两个儿子都是爷爷奶奶带大的。由于我们都上班，所以孩子们大部分时间都和爷爷奶奶在一起。孩子们直到现在还常常提起关于二老的珍贵记忆。老二在高考前夕，桌子上总是摆着一张爷爷的照片，我问他原因，他回答道："学着学着没有信心的时候，看着爷爷的脸就会重新振作起来。"老大也把爷爷写给他的一句"九容九思"作为自己的座右铭。他们对待爷爷的感情比我想象的还要深。

我有时候会想，我们没有对孩子说过要孝顺爷爷奶奶，可孩子们为什么对他们有如此深厚的感情呢？每次思考的答案都是一样的，那就是孩子们小时候和爷爷奶奶生活在一起，他们看到了爸爸妈妈对爷爷奶奶的孝顺。

一、 祖辈的爱是父母无法给予的

著名人类学家玛格丽特·米德曾经说过："祖父母、父母和孩子三代人一起生活是最理想的家庭构成。"原因就是一般情况下父母对孩子期望很高，要求非常严格；与之相反，祖父母却比较温和，可以把孩子从父母那里受到的压力和创伤抚平，让孩子健康成长。

可是现在的社会里，孩子们基本上都不和祖父母生活在一起。就算住得很近经常可以见面也好，还是跟住在一个屋檐下不同，爷爷奶奶根本无法去培养孩子。就算有些家庭是和爷爷奶奶生活在一起，可养育孩子的主权还是掌握在妈妈的手里，养育的责任全部放在了父母身上。

在我们儿童之家，有一些爷爷老师、奶奶老师和孩子们一起生活。这是一个老人—儿童的互动项目，一些老年志愿者和一些儿童之家孩子们的爷爷奶奶每周会有一两天在儿童之家和孩子们一起度过。奶奶们教孩子做一些传统饮食或者教他们做一些传统游戏，爷爷们帮助孩子种地。他们还一起做年糕，春节的时候孩子们一起给爷爷奶奶拜年。

最让孩子们翘首以盼的是听奶奶讲那些过去的故事，这些事故让孩子们听得痴迷不已。有些孩子早晨不想和妈妈分开就说自己肚子疼，可是当奶奶用手一边抚摸他的肚子一边说“奶奶的手是药”之后没多久，孩子就像刚才什么事也没发生一样跑去玩了。每当这种时候，我就能真切感受到传说中的“奶奶的力量”。

二、 祖父母的养育智慧值得肯定

最近隔代教育正在受到关注，听说美国总统奥巴马就是由他的外祖母养育成人的，还听说比尔·盖茨也是由外祖母养大的。比尔·盖茨的外祖母总是念书给他听，因此他才能成为一个对各方面都感兴趣的读书狂，也是因为外祖母教他玩扑克，他才能在哈佛大学中通过扑克游戏获得了自己的创业资金。

爷爷奶奶都对孩子非常娇惯，令孩子变得没有礼貌，对孩子的卫生也毫不在意，还总是教孩子说方言，以前人们总是用类似理由对祖父母的养育进行挑剔。可是，比起父母，祖父母对孩子更加宽容，给予了孩子更多的爱与信任。祖父母的养育具有沉甸甸的价值，这种声音正在广泛传播开来。韩国政府甚至提出对于照顾孙辈的祖母或者外祖母，每月要给予一些养育补贴，由此可以看出韩国政府支持隔代养育的决心。

《古老的未来：从拉达克学到的》（*Ancient Futures*：*Learning from Ladakh*）一书的作者海伦娜·诺伯格·霍奇斯强调，我们未来的生活方向最终还是要从古老的传统中学习。那么养育孩子是不是也应该这样呢？我们的养育历史已经超过 5000 年，在这么长的岁月中，我们的爷爷奶奶一直用自己的方式、温暖的怀抱和热情养育着后代。在这一代又一代的传承中，当相同的养育行为被反复进行的时候就必然会形成我们特有的养育 DNA。这样我们就可以理解为什么孩子用襁褓背着或者抱着是最安心的，为什么孩子听到奶奶唱的催眠曲就很容易入睡。也就是说，5000 年以来所用的这种养育方式是最好的，最能够令孩子平安、正直地长大成人。

在奶奶和妈妈的人生中融入了养育的智慧，应该怀着一颗谦虚的心再次寻找这些智慧。养育的未来存在于古老的养育智慧中，即奶奶的养育方法中，希望大家不要忘记这个事实。

后记

养育是一段旅程。说到育儿就想到和孩子的对话方式、心理分析等技术或者方法，但是育儿不单单是一种技术，育儿是复杂的生命中形成的一段错综复杂的旅程。所以，希望妈妈们不要认为自己一个人可以把孩子好好养大，也不要觉得这是自己必须要履行的一种义务。就算育儿只是妈妈和孩子两人之间的事情，这也无法令育儿过程中的痛苦轻易减少。

父母的养育固然重要，可我们也应该重视围绕在孩子身边的祖父母、邻居、其他同龄人等，只有这样，才能把孩子培养好。孩子的学习成绩好当然是好事，可是由于强调学习而错过的东西可能更多。只是学习好，却不合群、不知道关心他人的孩子有很多。培养孩子关心他人不是用语言教就可以的，需要在生活中展现给孩子，让孩子看到你跟家人、朋友、邻居相处的方式方法。妈妈和周围人产生的矛盾孩子都会看在眼里，最终孩子就会模仿父母为人处世的方式方法。

养育不是一朝一夕就能完成的事情，是在很长的时间里不知不觉中完成的。所以，妈妈们能够在育儿过程中拓宽需要考虑的对象，视野变得更开阔、眼光更长远是非常重要的。

父母要胆大，而且有时候需要下定决心，坚定信念。邻居妈妈的名牌服装、名校等，对于这些无数使我们动摇的东西，有时需要闭上眼睛，捂住耳朵，淡然处之。我们怀孕的时候都在祈祷什么呢？进名校？当医生？当律师？还是英语说得流利？恐怕妈妈们祈祷的都是孩子健康，不缺一根手指头或者脚指头吧。用我们怀孕时的心情来对待孩子的话，育儿方向就很清楚了，那就是舒服、宽松。也就是说我们永远要像做胎教一样地对待孩子。

“谢谢你健康长大走入校园。”
“谢谢你没在外面做坏事。”
“谢谢你不欺负别的小朋友。”

这样一来孩子也不会感受到压力，孩子放松之后就会自己找到应该做的事情。如果自己能够得到父母的肯定，那么孩子会变得更听话，对父母更加尊敬。不要催促孩子，跟随孩子成长的脚步，某一刻，你会看到一个快速成长起来，可以做好自己本分的孩子。

育儿是延续的选择，不可能时刻作出正确的选择。我们要抛弃对另一条路的迷恋和执着，坚定信念在自己选择的路上走下去。不要拿自己的孩子和别人的孩子作比较，而是要静静地在一旁观察。

现在看看自己，是不是为了自己的意愿而催促孩子，如果是，请把你的期望放下，再看看孩子希望的是什么。我们可能会羡慕博客上那些孩子的成功经历，但是每个孩子都不一样，那种成功只能发生在那个孩子身上。我们的孩子不一样，用一些成功孩子的事例来让孩子受折磨是不可取的。

再有，不能因为自己的孩子比别的孩子英语好、成绩优秀就自信满满，现在还不是判断孩子是否已经顺利成人的时候。要懂得谦虚，养育孩子的过程也正是父母自我培养的过程，父母要做到修身养性，自我成长。

孩子的幸福取决于父母观察孩子的眼光。如果孩子感到幸福的时候，父母也感到幸福，那么孩子的人生就是幸福的。希望大家能再次考虑一下孩子的幸福。